APOLOGIE

DE

J.-B.-C. BÉTUS

ANCIEN CAPITAINE AU LONG-COURS

Tableau de tous les vignobles de France. - Préceptes pour la conduite et l'amélioration des vins. — Tableau indiquant la quantité d'alcool pur renfermée dans les vins rouges du département de la Gironde, classés par arrondissement.

ORIGINE DU COMMERCE

Procédés pour la conservation des viandes fraîches, fruits, etc.
Moyen chimique de reconnaître la nature d'un alcool.
Appareil distillatoire à sextuple effet.

PAR

P.-P.-E. MARIUS

Au profit de la Souscription ouverte par M. le Préfet, en reconnaissance des dévoués et loyaux services du Capitaine **BÉTUS**

Prix : 2 Francs

BORDEAUX
TYPOGRAPHIE D'EUGÈNE BISSEI, RUE LAFAYETTE, 3.

—

1869

APOLOGIE

DE

J.-B.-C. BÉTUS

CAPITAINE AU LONG-COURS

Sauveteur distingué.

AUX BORDELAIS

Messieurs,

La présente apologie nous a été dictée par l'expérience de notre devoir ; nous ne l'avons pas traitée en maître, car en entreprenant ce travail nous n'avons pas voulu faire un apophthegme, nullement; loin de nous cette pensée, car nous en sommes littéralement incapable ; du reste, notre qualité de simple négociant nous impose une stricte et sage réserve, les pléonasmes ne sont pas de notre ressort; pour cela il faudrait que nous serions un Victor Hugo, un Hippolyte Minier ou un Lamartine ; nous regrettons, pour l'embellissement de notre sujet, de ne pas être comme eux les élus du Parnasse, car alors la brièveté, qui est notre apanage, ne nous aurait pas suivie dans le cours de notre exposé. On nous pardonnera notre incapacité littéraire, du moins nous l'espérons, car en revanche nous exposerons brièvement, mais impartiallement, quelques principaux traits de la vie de l'honorable M. Bétus.

Nous voudrions écrire une longue et sublime élégie, car les matériaux ne nous manquent pas, les papiers et les témoins authentiques qui sont à notre disposition nous aideraient puissament à orner notre panégyrique; mais nous nous passerons des embellissements de phrases et nous ne nous efforcerons qu'à décrire les faits primordiaux qui sont à notre connaissance.

Libre à chaque personne qui connaît un trait particulier de cet homme de bien, de le crier dans les nues afin que l'écho l'apporte dans les cœurs généreux de ceux qui aiment à connaître les belles actions.

Pour nous, nous voulons simplement remettre en mémoire une partie de la vie du brave capitaine, qui nous paraît aujourd'hui quelque peu oubliée.

Si nous nous le permettons, ce n'est que parce que nous avons examiné par nous-même l'état d'abattement moral et d'affaiblissement physiques dans lesquels est plongé celui qui a rendu de si éminents services à notre cité en particulier, ainsi qu'à bien d'autres ports, tels que Calcutta, La Havane, Marseille, le Havre, Brest, Nantes, etc., etc.

Nous devons faire savoir au lecteur que les raisons pour lesquelles nous nous sommes mis en œuvre pour écrire le présent opuscule sont : 1° pour écraser par l'évidence des faits clairs et précis les paroles peu bienveillantes adressées contre notre modeste héros au sujet de la souscription que M. le comte de Bouville ouvrit à notre capitaine et à laquelle MM. les Négociants les plus honorables de Bordeaux souscrivirent.

Quelques sots trouvèrent cette noble œuvre inconvenante et poussèrent même la petitesse jusqu'à la blâmer à la face même de celui pour qui elle était faite, en lui disant : « Oh ! à quoi êtes-vous descendu?... » A cela nous répondrons à ce que notre grand poète national de Lamartine a accepté en deux fois, à ce que M. Lafitte, richissime banquier, accepta aussi vers 1830 ou 1833, lorsqu'il fut complétement ruiné, par je ne sais plus quelle cause : pour cela n'en sont-ils pas morts tout aussi honorés et respectés?

De plus, il est incontestable que les services qui ont été rendus par Bétus atteignent une grande partie des membres de notre société, et par conséquent il n'y a pas tant à trouver à redire sur une chose si méritoire qu'on ne fait que pour des hommes marquants et honorables.

Ces objurgations n'ont pour fondement que la liardise de certains esprits étroits auxquels il ne devrait pas avoir lieu de s'arrêter, si elles n'avaient pas tant froissé l'amour propre de celui qui les a endurées.

N'était-ce donc pas assez pénible que de se voir tomber jusqu'au paroxisme de la déchéance pécuniaire ? pour qu'à côté de cela on vous en fasse pénétrer l'horreur qui vous déchire ?

Le cœur ulcéré de notre brave capitaine répondait une seule chose sublime et paternelle : Je ne suis pas seul... je suis père... je braverai tout, je suis blessé et ne peux marcher, eh bien je me traînerai ! je suis paralysé, eh bien ! j'agirai ! mes amis m'abandonnent parce-que je suis ruiné, eh bien ! je verserai des larmes amères sur mon malheur, je bénirai ceux qui ont la grandeur d'âme de seconder mes efforts ; en pardonnant ceux qui m'oublient; mais ma fille vivra, et plus tard elle pourra dire : Mon père resta dans la voie de l'honneur, quelle que fût la position qu'il occupa; il fut homme et soldat toujours fidèle à son poste, vécut en grand citoyen et en excellent père.

« Ce sont, ô ma fille! les seuls titres que pourra te laisser ton malheureux père, mais grave-les dans ton cœur, et qu'ils soient les seuls guides de ta vie ».

La seconde raison qui nous a poussé si ardemment à nous occuper de notre brave marin, est la position peu fortunée où la fait tomber sa loyauté et sa trop grande bonté,

La réserve dans laquelle nous voulons nous tenir, et la dignité du corps maritime qu'occupe M. Bétus, fait que nous ne signalons pas comment il lui eut été facultatif de posséder aujourd'hui une large aisance.

Mais, pour sa bonté, nous ne nous abstiendrons pas de dire combien elle fut largement généreuse ; un ami ou un malheureux ne lui tendit jamais la main en vain ; son dévouement était et est encore à toute épreuve, il rendit maintes fois des services signalés à ceux qui lui demandaient sa protection et sa bourse, et toujours avec le plus digne désintéressement.

Qu'on ne nous traite pas d'hyperbolien en disant que nous citons des vertus erronées, et des faits sans preuves ; on sera détrompé en lisant plus loin les éléments de notre dossier ; il est vrai que nous en puisons à de bien longues dates, mais elles n'en conservent pas moins la véracité de leur ancienneté, et nous croyons qu'elles sont tout aussi méritoires que si elles dataient de hier, car la valeur d'une bonne action ne vieillit jamais.

On cite tous les jours un courageux sauvetage, une belle action, etc., etc., et chacun trouve cela bien.

Pourquoi alors trouverait-on ridicule que nous passions en revue, non pas un seul trait de courage et une seule belle action, mais bien une longue carrière remplie à chaque pas de semblables faits?

Nous croyons que des actes aussi méritoires sont dignes, à tous les titres, de se faire jour et de se répandre partout où la modestie de notre héros les a tenues sous scellés ; dépasser les limites des louanges qui sont dues à pareil homme ce serait faire injure à nous-même, tromper la bonne foi des partisans à la présente œuvre, et de plus encore, nous injurerions la conscience de celui même à qui nous adressons *(son propre mémoire)*.

Nous voulons faire surgir la vérité d'un passé qui s'oublie devant la pénuerie qui accable celui qui n'est riche que de nobles souvenirs.

Nous croyons que c'est un impérieux devoir que de sortir des ténébres la lumière qui ne sait pas les transpercer ; les Grecs et les Romains donnèrent les premiers cet exemple, qui est le plus frappant que l'on puisse fournir après l'acte accompli.

Pour ne pas fatiguer plus longuement le lecteur, nous allons lui mettre sous les yeux, mais d'une manière vraiment succinte, les faits qui nous ont aidés à écrire cette apologie :

BÉTUS (Jean-Baptiste-Casimir), naquit à Bordeaux le 17 mai 1805.

Sa jeunesse fut pétulente mais studieuse; fils d'une honorable famille de négociant de notre cité, mais ruinée dans la révolution de 93, il fut obligé de choisir de bonne heure une carrière quelconque : on le destina à la menuiserie; mais à ce tempérament fougueux il fallait un plus vaste champ plus agité et plus périlleux.

Pour accomplir les désirs de son imagination, il se fit embarquer par son oncle, M. Pillol, excellent naturaliste et bibliographe de cette ville.

Le 5 mai 1820, il s'embarqua en qualité de mousse sur le navire le *Bourbon*, fit le voyage de la Réunion.

Son attachement à l'étude et sa bonne conduite le firent aimer de ses chefs, à tel point, que deux ans après, il était nommé pilotin. (A cette époque, lorsqu'on avait les capacités pour ce grade, il fallait obtenir un certificat qu'on ne décernait qu'après avoir subi un examen; aujourd'hui cette formalité n'existe plus.)

Le 13 août 1822, il prend du service à bord

de l'*Irma;* comme sous-lieutenant, fait la campagne de l'Inde, Calcutta et Sainte-Hélène où, en passant devant le triste séjour du Roi du Monde, il prie son capitaine de relâcher afin d'aller rendre hommage aux mânes de notre grand Empereur; les hommes de l'équipage joignent leurs prières aux siennes, le commandant cède, le navire mouille devant cette île.

« Sainte-Hélène est comme perdue au milieu de l'Ocean-Atlantique; elle fut découverte par les Portugais en 1802. Elle appartient aujourd'hui aux Anglais; des rochers forment tout autour un rempart inexpugnable. Longwood, dans un vallon solitaire, près de la montagne nommée le Pic-de-Diane, était la demeure de Napoléon Ier; son tombeau fut placé près de là, dans la vallée de Géranium, jusqu'en 1840, époque où les cendres ont été transportées en France. » (E. COSTAMBERT, *géographe.*)

C'est avec le plus profond respect que M. Bétus et l'équipage de l'*Irma* se rendirent vers cette tombe vénérée; ils s'agenouillèrent tous et prièrent pour le grand immortel! Mais Bétus fit plus, sa vénération pour Napoléon lui fit commettre un léger larcin, hors prix pour lui; malgré la défense expresse de toucher au tombeau et l'active surveillance qu'on y exerçait, il parvint à détacher un morceau de ciment qui tenait entre les jonctions de l'impérial mausolée, qu'il conserva comme une relique précieuse.

A son retour, il prend du service pour l'État;

on l'enrôle à bord de la frégate *Euridice*, où il se signale par sa vigilance et ses dévoués services.

Il change de bâtiment, passe timonier à bord de la corvette la *Salamandre*, commandant Costé.

Sans commentaires ni louanges, nous reproduisons le certificat qu'il reçut en quittant ce vaisseau :

« Je soussigné, commandant la corvette la *Salamandre*, certifie à qui de droit, que le sieur Bétus (Jean-Baptiste-Casimir), a fait à mon bord vingt-et-un mois de campagne. Je déclare n'avoir eu qu'à me louer de sa conduite et de son active vigilance ;

» Qu'en outre, dans le détroit d'Hudson, avec un courage admirable, il a sauvé, avec le nommé Martin, timonier à bord, sept Suédois.

» Destiné à commander les navires au long-cours, tout fait espérer qu'il méritera la confiance de ses armateurs.

» Costé,
» *Commadant la* Salamandre.

» 28 décembre 1825. »

De 1826 à 1830, il se dévoue à la cause commerciale, fait les voyages en qualité de lieutenant, se dirige sur Bourbon, la Havane et la Vera-Cruz.

Puis en 1831, il retourne au service de l'État, à bord du *Loiret*, 3e division de Toulon, commandant Bérard; en sort en 1832, muni d'un autre certificat honorifique du présent commandant et de M. l'Ingénieur hydrographe, pour ses services dignement remplis et pour ses travaux hydrographiques, lors du relevé du plan d'Alger.

Nous ne publions pas le présent certificat, attendu qu'il a été perdu dans le naufrage de l'*Arthémise*, en 1858, capitaine Bétus.

On ne peut guère fournir de doutes sur l'authenticité de l'existence de cette pièce, attendu qu'il est reconnu, depuis longues années, que M. Bétus a été un excellent démonstrateur en matières maritimes, hydrographiques, etc.

En 1833, il quitte l'État et revient au marchand, s'embarque lieutenant sur l'*Herminie*, de là sur le *Loiret*, etc.

En 1837, se rend à Bayonne, y finit ses études pour l'obtention de son brevet de capitaine.

En 1838, subit ses examens et le reçoit, en date du 14 mai 1838, ainsi conçu :

DE PAR LE ROI

« Le Ministre Secrétaire d'État au département de la Marine et des Colonies, certifie que le sieur BÉTUS (JEAN-BAPTISTE-CASIMIR), né à Bordeaux le 17 mai 1805, a été admis à commander les bâtiments du commerce destinés pour les voyages de long-cours ;

» En conséquence, le présent, délivré à titre de *Brevet définitif*, servira audit sieur BÉTUS à se faire reconnaître lorsqu'il y aura lieu, en qualité de CAPITAINE AU LONG-COURS, par les Commandants des Escadres, Vaisseaux, Frégates et autres bâtiments de l'État, Officiers civils et militaires de la Marine, Tribunaux de commerce, Corps administratifs et tous autres qu'il appartiendra.

» Ledit Brevet sera enregistré au bureau de l'Inscription du quartier de Bordeaux.

» Paris, le 14 mai 1838.

» Par le Ministre :
» *Le Directeur du personnel*,
« Signature illisible.

» *Marine et Colonies*.
» Enregistré sur la matricule du Ministère n° 600.

» Enregistré au bureau de l'Inscription maritime, à Bordeaux, n° 600.

» *Le Commissaire de l'Inscription maritime*,
» Gh BOUNIN. »

Pour éviter de suivre pas à pas la vie de notre brave capitaine, nous ne citerons que quelques faits capitaux que nous trouvons dans les documents que nous possédons.

Du 16 mai 1843 au 17 septembre 1844, il commanda en second le navire le *Joseph*, dans son voyage à Batavia et dans la Chine, où il se signala hautement par l'assistance courageuse qu'il démontra dans une circonstance périlleuse dont le certificat ci-dessous donne une idée :

« Le Vice-Amiral, comte DE CÉCILE, Sénateur,

» Certifie que M. BÉTUS, Capitaine au long-cours, a donné aide et assistance à deux embarcations de la frégate la *Cléopâtre*, le 26 février 1844, lorsqu'il commandait en second le navire le *Joseph*, la chaloupe et le grand canot de la frégate ayant été envoyés pour prendre un chargement de vivres à bord du *Joseph*, mouillé en rade de La-Tay-Pô (Chine), Macao, furent empêchés par la violence de la brise et de la mer de rallier leur bord.

» L'impétuosité du vent fit qu'ils manquèrent plusieurs fois de remplir ; mais ils furent secourus par le capitaine Bétus, qui leur donna tous les secours en son pouvoir.

» Cet officier a fait preuve, dans cette circonstance, d'un zèle et d'un dévouement dont je me plais à lui rendre hommage.

» En foi de quoi je lui délivre le présent certificat.

» *Signé :* Cte DE CÉCILE,

» *Vice-Amiral, ancien Commandant en chef de la division navale de l'Indo-Chine.*

» Paris, le 26 mai 1864. »

Qu'ajouter à la suite de semblables preuves? des discours et des dissertations? cela serait fort inutile, l'évidence des faits parlent d'eux-mêmes.

Le 25 octobre 1858, la rade de l'île de Saint-Pierre-Martinique (Antilles) éprouva un raz-de-marée inattendu et complétement imprévu, qui déchaîna la mer d'une manière si furieuse, que les bâtiments les mieux construits furent endommagés; n'étant pas un loup de mer, il nous est impossible de décrire d'une manière positive ce qu'est un raz-de-marée dans ces parages lointains. Nous transcrirons cependant ce que nous en avons entendu dire par nos braves marins :

Le prélude d'un raz-de-marée se connaît à l'obscurité qui se produit dans les nues; l'horizon devient sombre, souvent sans éclairs ni orage, mais on entend un bruit sourd, comme sépulcral, sortant des profondeurs de la mer; puis, peu à peu l'onde devient houleuse, les vagues s'amoncellent successivement les unes sur les autres, d'horribles mugissements partent du fond des eaux, ces dernières forment de véritables montagnes liquides qui renversent et détruisent sur leur passage tout ce qui arrête ou gêne leur élan, avec une impétuosité vertigineusement épouvantable! C'est en un pareil jour que le navire *Arthémise*, capitaine Bétus, était mouillé au-delà du port, et c'est aussi cette circonstance désastreuse qui lui donna, une fois de plus, l'occasion de montrer son courage et sa bravoure.

Qu'on s'imagine, par la pensée, voir un homme s'élancer dans une rivière tranquille, pour sauver son semblable; à cette vue les cœurs palpitent et l'anxiété est dans tous les esprits : mais alors qu'on se reporte par l'imagination voir un homme s'élancer dans une mer profonde et terriblement déchaînée, renversé par le choc des vagues en furie, vomissant des flots de sang par les yeux et la bouche, et ramené, malgré son énergie surhumaine, sur la plage qu'il vient d'abandonner pour voler au secours des hommes de son équipage et au salut du navire qui lui est confié !

Eh bien ! cet homme, c'est le capitaine Bétus qui, au milieu d'une multitude de monde et d'amis qui veulent l'empêcher de voir la catastrophe qui attend son navire et les hommes qui le montent : mais il n'a rien oublié de la situation horrible où est son vaisseau, il s'arrache des bras qui le retiennent, monte une chaloupe armée de vingt nègres, qu'il a obtenu à prix d'or, et leur ordonne de le conduire à son bord : vains efforts, la violence des vagues drosse l'embarcation qui chavire en renversant ceux qui la montaient; le courant ou la Providence le ramène à la côte; mais son audace ne l'abandonne pas : au péril de sa vie, il revient à son bord, donne les ordres nécessaires et revient pour tacher de ramener le monde dont il a besoin; mais, hélas ! il n'est pas plutôt à terre, qu'un immense cri de terreur remplit la rade en se répercutant dans les nues..... Le navire *Arthémise* venait d'avoir son aussière rompue, et en quelques minutes, les milliers de spectateurs qui inondaient le port furent témoins de ce triste spectacle !

L'*Arthémise* était brisée !.......................
Notre brave capitaine se retira sombre et peiné, s'éloignant des félicitations qu'il recevait.

Puis, le lendemain de ce jour néfaste, il reçut l'adresse suivante qui parle mieux que tout ce que nous avons décrit sur cette affreuse circonstance; nous la reproduisons textuellement :

EXTRAIT DU JOURNAL LA GIRONDE (DE BORDEAUX) DU 24 NOVEMBRE 1858.

« Ainsi que nous l'avions dit hier, le capitaine Bétus a montré un grand courage et un grand dévouement dans la perte de l'*Arthémise*. C'est avec bonheur que nous reproduisons le témoignage flatteur qui suit :

A Monsieur BÉTUS, *Capitaine de* l'ARTHÉMISE.

» MONSIEUR LE CAPITAINE,

» Avant que le packet emporte la nouvelle de la perte de votre navire, nous tenons à vous donner un témoignage public de notre estime et de notre admiration pour la conduite que vous avez tenue dans cette déplorable circonstance. Si vous avez été malheureux, si vous avez perdu votre navire, c'est que les éléments sont plus forts que les moyens de l'homme !

» Le raz-de-marée dont a souffert la rade de Saint-Pierre est un des plus terribles qu'elle est essuyé depuis longtemps. Cependant, quel qu'ait été le danger, vous n'avez pas hésité, plusieurs fois, au péril de votre vie, à vous embarquer pour donner les ordres nécessaires au salut de votre navire, et il n'y avait pas une heure que vous veniez d'accomplir, pour la dernière fois, cette courageuse mission, que l'*Arthémise* était à la côte.

» Nous tenons à constater que votre devoir a été à la hauteur des circonstances, et que si la vigilance et l'audace avaient pu faire quelque chose, vous auriez évité le malheur qui vous a frappé.

» Recevez, etc.

» DEVAUX, Capitaine de l'*Harmonie*; P. LONNÉ, Capitaine du *Stéphone*; FERRANDY, Capitaine du *Trident*; E. GERVAISE, Capitaine de la *Foi*; J. [illegible], Capitaine du *Saturne*;

VALENTON, Capitaine du *Henry-IV*; SIMON, Capitaine de l'*Aurélie*; ALBERT, Capitaine de la *Denise*, BONNANCOUR, Capitaine du *Marseillais*; H. NICOLAS, Capitaine du *Mercure*; L. DE SABRY, Capitaine de l'*Albret-et-Clémence*; Th. VINCENT, propriétaire de gabares; Eugène DAYCHE; V. PINORELLO, etc., etc.

» Les sus-signés, Capitaines et propriétaires, étaient en rade de Saint-Pierre-Martinique, lors de ce sinistre.

» MM. MAXWEL armateurs de l'*Arthémise*, et MM. les Capitaines de navires, présentement en rade de Saint-Pierre, ont l'honneur de prier qui de droit, de faire insérer dans le journal le plus répandu, la présente adresse, etc. »

« Certifié exact le présent extrait du journal la *Gironde*, du 24 novembre 1858.

» Bordeaux, le 8 septembre 1865.

» *L'Adjoint de Maire,*

» N. NOGUÈS. »

De 1861 à 1864, avec ce qui lui restait de fonds, il fit le négoce des Rhums et spiritueux en gros : à force d'efforts, il arriva à se créer une large aisance; mais la Fatalité, sœur du Destin qui est inexorable dans ses arrêts imprévus le poursuivit; il tomba dans le malheur, de fortes pertes commerciales lui enlevèrent ses dernières ressources.

Il quitta le commerce ; réclama ses états de services pour les envoyer, accompagnés de lettres de recommandations et de certificats de sauvetages, etc., auprès de l'Empereur Napoléon, afin d'obtenir un bureau de tabac. D'excellentes réponses lui furent envoyées à la suite de sa demande ; il y a quelques temps même, il crut au bonheur de l'avoir obtenu ; mais hélas ! vaine espérance, il l'attend encore ; il y a cependant cinq ans qu'il ne décesse de faire réclamations sur réclamations ; il n'a pour résultats que la joie de recevoir des lettres fort polies et donnant beaucoup à espérer ?

....

En cas que quelques lecteurs aient le désir de connaître les états de services de M. Bétus, nous en donnons la récapitulation ci-dessous ; mais pour ne pas fatiguer ceux qui nous font l'honneur de nous lire, nous n'en détaillerons pas les dates d'embarquements, les lieux de destinations, les grades qu'il occupa à diverses époques, etc., etc., attendu que cela serait trop long.

Nous n'en transcrirons que le sommaire succint :

MARINE ET COLONIES.

« *ÉTAT GÉNÉRAL du service effectif de M.* Bétus (Jean-Baptiste-Casimir), *Capitaine au long-cours.*

» Né le 17 mai 1805, à Bordeaux, département de la Gironde.

DÉTAIL DE LA RÉCAPITULATION, AU TOTAL.

Service à l'État	28 mois	26 jours
Comme Capitaine . .	41 —	15 —
En diverses positions.	170 —	02 —
	240 mois	13 jours
ou ce qui aboutit au même chiffre que ci-dessus.	239 mois	43 jours

» Certifié véritable le présent État de service de BÉTUS (JEAN-BAPTISTE-CASIMIR), s'élevant à Deux cent quarante mois treize jours, dont vingt-huit mois vingt-six jours à l'État, et deux cent onze mois dix-sept jours pour le compte du commerce-

» A Bordeaux, le 27 mars 1864.

» *Le Commissaire de l'Inscription maritime,*

Au commencement de juin 1864, M. Bétus se rendit à Paris, pour faire parvenir, auprès du Maréchal Magnan, un système de prolonge de son invention indispensable pour le transbordement des troupes en campagne lorsqu'elles sont obligées de traverser des rivières ou des cours d'eau.

M. le général Favé, aide de camp de l'Empereur, ainsi que le maréchal Magnan, trouvèrent ce projet ingénieux; ils le présentèrent à Napoléon, qui ordonna de le soumettre au corps du Génie. Ce dernier répondit que les ponts volant dont il se servait étaient beaucoup préférables à cette prolonge, que M. Bétus avait justement inventée pour éviter les frais desdits ponts ;

comme nous n'avons pas à apprécier des plans d'une si haute importance, nous ne nous permettrons que de signaler la pétition que M. Bétus fit pour son bureau de tabac, envoyée au conseil d'état avec une chaude recommandation de l'Empereur lui-même.

Nous nous permettrons aussi de transcrire une des nombreuses lettres que notre capitaine reçut des sommités qui le protégeaient alors, mais qui, il faut malheureusement l'avouer, l'ont, croyons-nous, un peu oubliés. (Il est vrai que l'homme qui tombe complétement dans le malheur devient si petit, mais si petit à la vue de bien des grands, qu'il leur est impossible de l'apercevoir.)

A Monsieur le Comte DE THEYE.

« MON CHER AMÉDÉE,

» Je te prie de prendre en grande considération les justes réclamations du Capitaine BÉTUS; en examinant ses États de service si honorable, tu jugeras combien il est digne de tout l'intérêt que je lui porte, et je suis persuadé que tu voudras bien l'aider de tout ton pouvoir.

» Je t'embrasse, mon bon Amédée, et te prie de croire à ma bien tendre affection.

» Ton frère,
» ARTHUR BERTRAND.

» Paris, le 9 juillet 1864. »

La présente lettre autographe a été donnée à

M. Bétus par M. Arthur Bertrand, fils de M. le général Bertrand, d'heureuse mémoire.

Nous avons bien d'autres documents authentiques donnant tous, par leur essence éminemment élevée et d'une véracité irrécusable, une haute idée de ce qu'a été et est M. Bétus; mais nous nous arrêtons en signalant, pour dernier chef, le certificat que M. Bétus reçut de ses armateurs lorsqu'il cessa complétement de pouvoir naviguer :

« Les Armateurs soussignés déclarent et certifient à qui de droit, que de l'année 1834 à l'année 1858, le sieur Jean-Baptiste-Casimir BÉTUS a été employé sur nos navires, à différentes reprises comme Officier, et en dernier lieu comme Capitaine; qu'il n'a quitté notre Maison qu'après le naufrage de notre navire *Arthémise*, qu'il commandait depuis quatre voyages; que dans ce naufrage, il a perdu la majeure partie de son avoir qu'il avait employé dans l'achat de marchandises; qu'en outre, il a fait honorablement son devoir, et que nous avons toujours été satisfaits de son zèle et de sa probité.

» Bordeaux, le 14 décembre 1864.

» BEYSSAC ET GAUTIER,
» *Armateurs.* »

Pour peu qu'en lisant cette pièce on y ait porté attention, on pourra se convaincre qu'à elle seule elle eût suffi pour faire comprendre la dignité, le dévouement et l'honorabilité de M. Bétus.

Avant de terminer l'œuvre que nous nous sommes imposée, rappelons ce que nous avons signalé en commencant, que nous sommes heureux d'avoir entrepris cette tâche pour relever le moral abattu de notre brave Bétus en lui faisant savoir que, aujourd'hui, il est justifié à la vue de tout ceux qui ont eu la véritable obligeance de nous suivre, et nous croyons qu'ils sont nombreux : car paralysé, que peut-il faire ? Si ce n'est de supporter les abreuvations qui l'ont atteint au moment où il aurait encore pu se relever.

Frappé moralement, attaqué physiquement, c'est si terriblement malheureux qu'il est du devoir de notre conscience de ne pas laisser dans l'oubli et la désolation un homme d'un aussi haut intérêt.

Ne voulant, en quoi que ce soit, laisser de doute dans l'esprit de ceux qui ont l'attention d'examiner nos argumentations, nous leur mettons sous les yeux le certificat délivré par M. le docteur Plantin, qui a, en diverses fois, soigné notre capitaine.

« Le Médecin soussigné certifie que le sieur BÉTUS (JEAN-BAPTISTE-CASIMIR) capitaine au long-cours, âgé de soixante-cinq ans, demeurant à Bordeaux, est dans l'impossibilité de pouvoir continuer sa profession de marin à cause de plusieurs infirmités très graves auxquelles sont venues se joindre deux attaques de paralysie, qui lui ont laissé le côté gauche dans une complète immobilité.

» Bouscat, le 13 octobre 1869.

» PLANTIN.

» Pour légalisation de la signature du sieur Plantin apposée ci-dessus :

» Bouscat, le 14 octobre 1869.

« Pour le Maire.

» GONDON, *Adjoint.* »

Nous voulions terminer ici notre narration, mais nous prions nos lecteurs de nous suivre quelques instants encore, et à titre d'observation, nous leur signalerons, au nom de bien honorables marins qui sont victimes de la conformation des exigences un peu arbitraires de la répartition des retraites auxquelles ils ont droit.

Aussi faible que soit notre voix, nous nous permettons de la faire entendre, afin que d'autres, plus autorisées que la nôtre, la fassent comprendre où elle pourra porter quelques résultats avantageux.

Nous voulons parler d'une lacune qui est la cause directe qu'une très grande quantité de nos braves marins ne peuvent atteindre le temps exigé pour l'obtention de leur retraite, quoique à la vérité, lorsqu'ils ont accomplis dix, vingt ou trente ans de service actif, on peut aisément déclarer, sans crainte de charger sa conscience, c'est qu'ils ont bien rempli vingt, quarante ou soixante, c'est à dire le double qu'on leur reconnaît. Pourquoi?...... et comment?.....

La première raison est que tout marin qui travaille à son bord d'embarquement, ce temps ne lui est pas compté commo service actif; en conséquence, s'il y passe plusieurs mois, c'est autant de perdu en temps qui devrait valoir pour sa retraite, attendu que puisqu'il ne quitte pas son navire, il ne s'écarte nullement de son de-devoir et de ses attributions maritimes.

Il paraît que le législateur n'en a pas jugé ainsi, vu que ledit temps valable, et qui est réellement compté, n'est que celui qui date du moment de la revue, qui n'a toujours lieu que peu de jours avant de mettre en mer; que l'on juge de combien d'années perdues pour cela fait après bien des années si dignement remplies (pour parler par pléonasme)? On nous objectera, mais si on ne leur compte pas, c'est naturel, puisque sur les émoluments qu'ils gagnent avant l'époque de la revue, le trois pour cent des Invalides qu'ils doivent y verser ne leur sont pas prélevés.

Nous répondons pour presque tous les marins et nous avons presque la certitude qu'ils ne nous contredirons pas :

C'est que, puisqu'ils donnent tous (exigiblement) 3 p. 100 sur le traitement qu'ils gagnent après la revue, ils le donneraient bien certainement et sans nul doute sur les appointements gagnés avant cette formalité, si toutefois les salaires gagnés à bord du port d'embarquement leur étaient comptés et mis en valeur comme temps à prévaloir sur celui à valoir comme ayant droit à la retraite.

Notre manque d'atticisme ne prouve pas en nous une grande affinité de goût littéraire; mais si nous répétons un peu nos phrases, c'est afin qu'on y porte une plus profonde attention.

La seconde question la voici :

Comment un marin a-t-il accompli vingt ans de service lorsqu'il n'en a fait que dix?

Quelques mots le feront comprendre; n'est-il pas nuit et jour dans un péril permanent, l'horizon pour toute vue, le gouffre pour soutien, complétement seul avec lui-même, ne vivant que de jouissances passées et que d'espérances à venir; pour lui le bonheur de la famille ne lui est accordé que bien rarement : c'est son état dira-t-on; pour nous, nous croyons qu'on ne fait jamais métier de se séparer de ses affections.

Et nous ne craignons pas de le dire, le marin doit être honoré de part son vrai courage et son abnégation aux choses heureuses de la vie. N'abandonne-t-il pas parents, amis, tendresses, pour concourir puissamment à la prospérité du commerce de toutes les nations, etc., etc.?

Quels honneurs ne leur doit-on pas; citerons

nous que dans un combat naval, pour le vaisseau vaincu, pour lui point de retraite, vaincre ou mourir, voilà son lot. Pour les armées de terre, si le courage est aussi grand, dans un moment trop périlleux, elles peuvent parfois abandonner, sans déshonneur, la position qu'elles occupent.

Lorsqu'un soldat fait son service, que ce soit en paix ou en guerre, son temps n'en est nullement diminué, cela du reste est fort juste.

Tant qu'un employé d'administration gouvernementale se rend à son bureau de *neuf* heures du matin à *cinq* heures du soir, le temps qu'il passe auprès de sa famille ou en tout autre lieux lui est compté à valoir pour sa retraite.

C'est fort bien, nous en convenons.

Mais alors pourquoi celui que le marin passe à travailler à bord de son port d'embarquement ne lui est-il pas compté?

Cela lui porte un tort préjudiciable ; pour preuve, c'est qu'il y a une quantité innombrable de vieux marins qui meurent sans pouvoir y arriver. malgré qu'ils ont fait le double du temps exigé.

Ainsi, M. Bétus a voyagé sans discontinuer du 5 mai 1820 au 4 juillet 1861, sans avoir pu obtenir sa retraite, car malgré ses quarante et un ans de navigation, on ne lui en reconnais que vingt ans et treize jours.

Si on se fait une idée de la prodigieuseté de marins qui quittent la vie sans avoir jamais rien perçu des Invalides, qu'on leur a retenu à trois pour cent toute leur existence sur toute la quantité de leurs émoluments, et quel que soit leur grade, on pourra sans peine se convaincre combien leur caisse doit être riche.

Nous devons cependant noter que quelques vieux marins obtiennent, après bien des peines inouïes et pétitions lancées, un faible secours, qui est très loin assurément de les faire vivre dans l'opulence.

Exemple : M. Bétus, après beaucoup de démarches et demandes, a fini par obtenir, en sa qualité de capitaine, la somme de quatre-vingt francs tous les deux ans, soit quarante francs par an.

Qu'on veuille bien s'arrêter quelques instants sur ces justes observations pour les méditer avec attention, sans quoi on ne ferait pas preuve de magnanimité.

....

Il n'est pas déplacé de dire ici qu'une puissance possédant une forte marine, bien armée, puissamment fournie, est regardée d'une manière digne et respectueuse, sous tous les rapports, car les avantages diversements primordiaux qu'on en peut retirer sont incalculables.

Le poète Thomas a dit :

« De tous les spectacles que l'industrie de l'homme a donné au monde, il n'en est peut être aucun de plus admirable que la navigation.

» Un être faible et mortel attaché à la terre, a osé se transporter sur un élément inconnu et terrible, suspendre des édifices sur les eaux, donner des lois aux vents, voler aux extrémités de l'univers sous un ciel qui n'était point fait pour lui. »

Pour faire marcher l'imagination dans les souffrances qu'endurent les marins dans les coups de mer ou de vents qu'ils essuient, nous transcrivons la note suivante que nous prenons dans le cahier-journal de bord de M. Toulouze, second à bord de la *Bella-Cubana,* Capitaine Bétus :

Note approximative des avaries éprouvées par le navire Bella-Cubana, *Capitaine* Bétus, *pendant les coups de vents du 18 au 24 janvier 1861.*

CHARGEMENT.

« Le navire a fait de cinq à six pouces d'eau à l'heure, le pont a été constamment inondé. Par les fatigues des grands roulis, le brai s'est cassé aux serres, et nous avons pompé de l'eau siroteuse en quantité ; il y a tout lieu de craindre que la cargaison soit endommagée ; nous avons remarqué que le navire incline beaucoup plus sur babord que sur tribord, ce qui nous fait penser que le côté de tribord, c'est à dire celui qui se trouve sous le vent, dans le mauvais temps, ait le plus souffert.

COQUE.

» L'étoupe sortie des coutures, une partie des pavois défoncés et enlevés par les coups de mer, les cloisons de la chambre ainsi que les tables, etc., sont détraquées et disjointes; le gouvernail a beaucoup fatigué, et par suite, ne fonctionne plus qu'avec difficulté.

GRÉEMENT.

» Toutes les manœuvres dormantes ont souffert; le navire, privé de ses voiles, roulait pale sur pale et donnait par secousses aux haubans et galhaubans une tension extraordinaire. Il est de toute nécessité de visiter les capélages. Le navire étant engagé, ordre fut donné de couper le gréement du mât d'artimon : le premier hauban à tribord fut coupé, le gréement du beaupré ragué; le hauban de minot, l'étai de martigole, l'hauban de clin-foc, pontine des focs hachés, brisés; pontines de focs, galhaubans de travers mangés; presque toutes les manœuvres courantes ont été coupées tant par le battement des voiles que sacrifiées volontairement pour dégager par le battement; nous pouvons citer les écoutes et amares de la misaine, ainsi que toutes ses cargues, etc., etc., etc., défoncés, brisés, enlevés, etc., en un mot, le navire devenu le jouet des flots va à la dérive au gré de la rafale.

VOILURE.

» Deux misaines défoncées, dont l'une neuve; deux grands huniers, etc., etc.

EMBARCATIONS.

» La baleinière défoncée et hors de service, la chaloupe tordue sur ses chantiers par les coups de mer et hors de service, sauf réparations.

AVARIES SUR LE PONT.

» Les cages à poules démolies, dix seaux et leur ratelier enlevés par la mer; une jarre servant de filtre brisée; les barres d'anspect et de guindeau passés par les sabords défoncés et emportés. (Lorsque le navire fut engagé, M. Toulouze, second du navire, défonça lui-même et presque à la nage les sabords de tribords à coups de pinces.)

CHAMBRE.

» Caisses de sucre et de tabac touchées par l'eau de mer. Nous avons eu jusqu'à dix pouces d'eau dans la chambre; tout notre biscuit renfermé dans les soutes a été mouillé et avarié; en général, toutes les provisions susceptibles d'être endommagées par l'eau de mer l'ont été, etc., etc. . . . . .

. . . .

Il faut remarquer que ce qui précède a été écrit froidement, à la Jean Bart; mais on a vu, sans peine de grande attention, dans quelle situation périlleuse était les héros de ce drame de tous les jours.

Nous avons reproduit ce rapport afin qu'il serve d'argumènt et d'appui au sujet des observations que nous avons émises dans l'intérêt de nos braves marins.

Qu'on juge, mais qu'on résolve avec avantage pour eux, c'est tout ce que nous désirons.

Avant de terminer complétement la mission que nous nous sommes imposée, rappelons ce qu'a été et est M. Bétus,

Homme intègre, loyal, toujours heureux de faire le bien, n'ayant jamais transigé avec l'honnêteté de sa conscience, brillant dans ses actes de courage, réservé dans ses humbles désirs, prompt dans ses commandements, qu'il ordonnait toujours avec tactique et présence d'esprit, doux, affable avec ses passagers, juste pour son équipage, humain pour ceux qui souffraient, tel a été l'homme de qui nous nous sommes permis de nous occuper.

Et c'est un honneur pour nous que de rappeler un aussi noble passé d'une des gloires de notre cité, qui en compte par si grand nombre?

Nous aurions voulu pénétrer dans la vie privée de cet homme de bien, pour augmenter par bien d'autres traits, assurément délicats, cette apologie; mais, malheureusement, cette porte nous est fermée. Du reste, nous n'avons pas le droit d'y puiser aucun fait, car il nous eut fallu violer le domicile du cœur, qui est inviolable.

«Vertueux infortuné, toi qui es tombé sous le faix de tes longs travaux, toi qui as porté si dignement le haut et éternel drapeau de notre commerce, toi qui as pénétré dans l'abîme des mers pour sauver ton semblable, qui t'es dévoué à ta patrie, à ta famille, à tes armateurs et à tes amis, toi qui as bravé les tempêtes, conservé ton intégrité au milieu des plus pressants besoins, tomberas-tu dans le néant de l'oubli où t'as plongé ta modestie ?

» Oh! non, il n'en sera pas ainsi. Et ton moral, affecté de l'oubli de ceux qui t'ont méconnus, sera relevé, car ceux qui apprendront qui tu es te suivront de reconnaissance et d'hommage dans le fond de ton humble retraite que ta dévolu tes cruelles épreuves.

» Mais quelle fortune pour toi dans ta pénurie actuelle, que le passé si noble de tes grandes actions ?

» Epuisé de travail, ulcéré de douleurs, accablé de souffrances et de malheurs, compatissons moralement et matériellement aux revers qui atteignent notre frère éprouvé. »

Messieurs, en attendant la récompense de la bonté divine, commençons nous-mêmes par rendre justice à ce digne vieillard ; consolons sa vieillesse en lui donnant l'estime due à ses œuvres, faisons lui connaître que nous honorons le vrai mérite qui a été son apanage ; de par cela nous ranimerons la force de son caractère, nous réchaufferons son cœur endolori.

Vieux soldat dévoué à notre cause commune, nous lui devons tous une dette de reconnaissance.

A ce double titre, Messieurs, nous nous permettrons de faire un dernier appel à votre magnanimité habituelle, vous priant de vous inscrire comme souscripteur au présent ouvrage.

Ne doutant pas que vous voudrez bien y adhérer.

Nous avons bien l'honneur de vous présenter nos sincères remercîments, et notre vraie reconnaissance.

Neilimé TASUREP.

Dans l'assurance que tout homme d'honneur et généreux, serait heureux de participer à une œuvre de bien, telle que celle que nous avons entreprise :

Nous ne doutons pas que l'honorable M. Foulquier de la Marinière, possède la magnanimité que nous avons l'avantage de lui demander pour nous pardonner d'avoir puisé dans sa carte vinicole, les renseignements précieux qu'il y a noté avec tout l'atticisme qui le distingue, et dont MM. les négociants en vins, ainsi que toute personne intéressée à la viniculture, lui en auront un véritable gré.

Tableau de tous les Vignobles

Carte, classification géographique, mesures de capacité particulières à chaque pays; soins à donner à la vigne et à la cave, par M. Foulquier de la Marinière (1).

Vignobles de France.

Les noms des vignobles sont suivis : de la contenance en litres des mesures et tonneaux du pays; 2° du nombre d'hectares cultivés en vignes; 3° du prix moyen de l'hectolitre de vin ordinaire, relevé sur la moyenne des années ordinaires. Nous n'avons point compris dans la série alphabétique ci-dessous, les départements du Calvados, de la Creuse, des Côtes-du-Nord, du Morbihan, de l'Orne, du Pas-de-Calais et de la Somme, qui sont dépourvus de vignobles, et les départements des Ardennes, du Cantal, de l'Eure, d'Ille-et-Vilaine, de la Lozère et de la Mayenne, qui ont très peu de vignobles et dont les vins ne sont pas classés.

(1) Paris, Maison Basset, rue de Seine, 33.

AIN. — Vins rouges. — Seissel, Machuras, Talissieux, Culos, Anglefort, Grolée, Virieux, Saint-Benoît, Cerveyrieux. — Vins blancs. — Seissel, Pont-de-Veyle. — Pièce de 85 à 250 litres. — 19,185 hectares. — 12 fr. 50 c.

AISNE. — Vins rouges. — Pargnan, Craonne, Craonelle, Juvigny, Vassagne, Cussy, Rouscy, Bellevue. — Vins blancs. — Château-Thierry, Charly, Azaïs. — Pièce de 205 litres. — 7,249 hectares. — 14 fr. 50 c.

ALLIER. — Vins rouges. — La Garenne-du-Sel, Montluçon, Creuziers. — Vins blancs. — Monestay, Creuziers. — Pièce de 240 litres. — 213 hectares. — 16 fr.

ALPES (BASSES-). — Vins non classés de Mées et des arrondissements de Digne et de Sisteron. — La coupe est de 280 litres. — 9,926 hectolitres. — 12 fr. 50 c.

ALPES (HAUTES-). — Roche-de-Jarjaie, Chabre, Letret, Nefles. — Vins blancs. — Clairette de la Saulce et de Die. — L'émine contient 30 litres. — 4,743 hectares. — 11 fr. 50 c.

ARDÈCHE. — Vins rouges. — Cornas, Saint-Joseph, Mauves, Limony, Sara, Vion, Aubenas, L'Argentière. — Vins blancs. — Saint-Péray,

Saint-Jean-Guillerand. — Barrique de 210 litres. — 22,395 hectares. — 14 fr.

ARDENNES. — Vins non classés. — Arrondissement de Vouziers : vin paillet de Balay. — Grande consommation de bière et de cidre. — 1,745 hectares. — 18 fr.

ARIÈGE. — Vins non classés. — Arrondissement de Foix, Saint-Girons, Bordes, Theilhet, Engraviés, Mirepoix. — On compte par juste de 3 litres. — 10,450 hectares. — 11 fr. 50 c.

AUBE. — VINS ROUGES. — 1re CLASSE : Les Riceys, Balnot-sur-l'Ayne, Avirey, Bagneux-de-la-Fosse. — 2e CLASSE : Bouilly, Laine-au-Bois, Javernant, Souligny, Gyé, Neuville, Landreville, Pineau. — VINS BLANCS. — Riceys, Rigny-le-Féron, Vilenoxe. — La demi-queue de 228 litres. — 26,641 hectares. — 15 fr. 50 c.

AUDE. — VINS ROUGES. — Narbonne, Ginestas, Sijean, Fiton, Névian, Argelliers, Villedaigne, Saint-Nazaire, La Grasse, Aleth. — VINS BLANCS. — Limoux, Mayrie. — Le muid de 365 litres. — 52,818 hectares. — 7 fr. 90 c.

AVEYRON. — Vins non classés. — Marcilhac, Lancedat, Agnac, Gradels, Cruon. — Barrique de 200 litres. — 19,138 hectares. — 11 fr. 50 c.

BOUCHES-DU-RHONE. — VINS ROUGES. — 1re CLASSE : Séon, Saint-Henri, Saint-André, Cuques, Sainte-Marthe-des-Olives, Château-Gombert, Saint-Jérôme. — 2e CLASSE : Château-Renard, Aiguilles, Orgon, Sainte-Marie, Aubagne, Gemenos, Auriol-de-la-Camargue, Marignane, Gardanne, Cannat. — VINS BLANCS. — Cassis, Gemenos, Allauch, Latreille, Saint-Marcel, Marignane. — VINS DE LIQUEURS (MALVOISIE). — Roquevaire, Cassis, Barbantanne, La Ciotat, Marignane. — VINS CUITS. — Roquevaire, Aubagne. — Barriques de 220 litres. — 24,991 hectares. — 15 fr. 50 c.

CHARENTE. — VINS ROUGES. — Saint-Saturnin, Asnières, Saint-Genis, Linard, Moulinard, Fonquebrune, Blanzac, Vars, Montignac, Mornac, Chassors. — VINS BLANCS. — Grande-Borderie, Champagne, Colombar. — Barriques de 205 litres. — 89,610 hectares. — 10 fr. 50 c.

CHARENTE-INFÉRIEURE. — VINS ROUGES. — Saintes, Foncouverte, Bussac, Saint-Romain, Saint-Jean-d'Angély, Saint-Julien-de-Lescap, Nouillers, La Rochelle, Marennes. — VINS BLANCS. — Surgères, Chérac, Oléron, Marennes, Rochefort. — Barriques de 224 litres. — 105,571 hectares. — 7 fr. 75 c.

CHER. — VINS ROUGES. — Chavignol, Sancerre, Fussy, Vasselay, Saint-Amand. — VINS BLANCS. — Saint-Satur, Chavignol. — Poinçon de 318 litres. — 11,821 hectares. 13 fr. 50 c.

CORSE. — Vins d'Ajaccio, Sari, Pori, Vico, Bastia, Pietra-Negra, Cap-Corse, Bassanese, Maccaticcia, Calvi, Algajola, Corte, Tallano, Bonifaccio, Porto-Vecchio. — Baril de 150 litres. — 11,584 hectares. — 12 fr.

CORRÈZE. — Vins non classés. — Saillac, Allassac, Dousenac, Varetz, Synex, Meyssac, Queyssac, Puydernac, Beaulieu, Argental. — 16,735 hectolitres. — 11 fr.

COTE-D'OR. — VINS ROUGES. — 1re CLASSE : La Romanée, Conti, La Romanée-Saint-Vivant, Chambertin, Richebourg, Clos-Vougeot, La Tache, Clos-Premeau, Musigny, le Clos-du-Tart, les Verolles, Clos-Morjot, Le Martrou, le Clos-Saint-Jean, les Bonnes-Mares, Corton. — 2e CLASSE : Vosne, Nuits, Premeau, Chambolle, Volnay, Pommard, Beaune, Mont-Savigny, Blagny. — 3e CLASSE : Civray, Chassagne, Aloxe, Satenay, Chenove. — 4e CLASSE : Mercurey, Monthelié, Givry, Meursault, Fixin, Brochon, Saint-Martin, Chassières, Rully. — VINS BLANCS. — 1re CLASSE : Puligny, Montrachet. — 2e CLASSE : La Barre, Meursault. — Demi-queue de 228 litres. — Feuillette de 114 litres pour les vins extra. — 26,177 hectares. — 16 francs.

DEUX-SÈVRES. —VINS ROUGES. —Thouars, Rochechenart, Aivrault, Parthenay. — VINS BLANCS. — Ils sont convertis en eau-de-vie (7 pour 1). — La barrique de 38 à 40 veltes pour le vin. — La pièce de 60 à 70 veltes pour l'eau-de-vie. — 22,150 hectares. — 9 fr.

DORDOGNE. —VINS ROUGES. — 1re CLASSE : Bergerac, Greysse, Genestet, Laforce, Prigourieux, Lembra, La Terrasse, La Briasse, Les Farcies, Pécharmont, Coorbiac, La Catte, La Baume, Roussette, Montmorvés, La Roussigne, Montaud. — 2e CLASSE : La Linde, Beaumont, Cussège, Monsac, Domme, Thouac, Chancelade, Brantôme, Bourdeilles, Vareins, Brassac, Vertillac, Mareuil, Ribérac, Sarlat. —VINS BLANCS, — Bergerac, Genestet, Boïsse, Prigourieux. — VINS DE LIQUEURS (MUSCAT-FOU). — Montbazillac, Colombier, Pomport, Saint-Maixant. — La barrique de 228 litres. — Le tonneau de 4 barriques. — 77,125 hectares. — 12 fr.

DOUBS. — VINS ROUGES. — Arrondissement de Besançon, Les Éminguey, Byans, Mouthier, Lombard, Hiesle, Havans, Jallerange, Beurre, Châtillon, Chouzelot, Poi, Villiers. — VINS BLANCS. — Millerey. — La pièce de 212 litres.

— La queue de 2 pièces. — 7,597 hectares. — 15 fr. 50 c.

DROME. — VINS ROUGES. — Tain, la côte de l'Ermitage, Croses, Mercurol, Gervant, Saillans, Vercheny, Douzère, Alhu, Châteauneuf-du-Rhône, Monségur l'Étoile, Montélimart, Livron, Saint-Paul. — VINS BLANCS. — L'Ermitage, Raucoule, Mercurol, Die, Chanos, — Curson. — VINS DE LIQUEURS. — Vin de paille de Tain, Clarette et Muscat de Die. — 22,671 hectares. — 13 fr. 15 c.

EURE-ET-LOIR. — VINS DE SÈCHE. — Côte, Chavanne, Roussières, Saint-Piat, Croiseilles, Malsausseux, Luat, Clairet, Varenne, Machecloud, Champé. — Le poinçon de 225 litres. — 4,038 hectares. — 19 fr.

GIRONDE. — VINS ROUGES. — 1re CLASSE : Château-Margaux, Château-Laffite, Château-Latour, Haut-Brion, Rauzan, Durfort, Lascombe, Saint-Julien-de-Reignac, Léoville, Laroze, Balguerie, Cantenac, Gorse, Branne-Mouton, Pichon-Longueville, Saint-Lambert. — 2e CLASSE : Château-d'Issan, Cantenac, Desmirail, Sain-Julien-Cabarus, Château-de-Beychevelle, Camesac, Sainte-Gemme, Pauillac, Saint-Guirons, Saint-Estèphe, Cos-d'Estournel, Pessac, Pape-Clément, la Mission. — 3e CLASSE : Ludon,

Labarde, Macau, Château-de-Lagane, Giscours, Trois-Moulins, Cante-Merle, Cussac, Arcins, Lamarque, Soussans, Listrac, Moulis, Poujeaux, Avensan, Saint-Sauveur, Cissac, Verteuil, Saint-Laurent, Saint-Seurin-de-Cadourne, Talence, Mérignac, Léognan, Château-de-Thouars, Laffite-Haut-Talence. — 4e CLASSE : Médoc, Queyries,. Montferrand, Bassens, Libourne, Saint-Émilion, Canon, Fronsac, Saint-Martin-de-Mazerat, Saint-Christophe, Néac, Saint-Sulpice, Pomerol, Saint-Georges, Loupiac, Blanquefort, Arsac, Saint-Germain, Valeyrac, Civrac, Saint-Christoly. — 5e CLASSE : Lussac, Puysseguin, Parsac, Puynormand, Coutras, Ambès, Bouliac, Camblanes, Quinsac, Bacalan. Saint-Gervais, Saint-Loubès, La Tresne, Beautiran, Izon, Lormont, Bouliac, Samonac, La Libarde, Camillac, Tauriac, Arveyres, Génissac, Gauriac, Comps, Marcamps, Pugnac, Montbrier, Teuilhac, Saint-Trojan, Cubzac, Saint-Romain, Asques, Ambarès, La Grave, Saint-Loubès, Cambes, Montussan, Baurech, Tabanac, Rions, Langoiran, Béguey, Pujols, Pellegrue, Sauveterre, Targon, Créon, Cauderot, Saint-Macaire, Verdelais, Blaye, Cars, Sainte-Luce, Bazas. — VINS BLANCS. — 1re CLASSE : Haut-Barsac, Château-de-Suduiraut, Preignac, Sauternes, Yquem, Blanquefort, Bommes, Lafaurie, Villenave-d'Ornon. — 2e

CLASSE : Cérons, Podensac, Langon, Toulenne, Saint-Pey-de-Langon, Fargues, Pujols, Loupiac, Léognan, Martillac. — 3e CLASSE : Virelade, Arbanats, Budos, Landiras, Illats, Langoiran, Monprinblanc, Cadillac. — 4e CLASSE : Baurech, Tabanac, le Tourne, Paillet, Lestiac, Haux, La Roque, Omet, Portets, Gabarnac, Castres, Saint-Selve, Labrède, Saint-Morillon, Beautiran, Saint-Médard. — 5e CLASSE : Lussac, Castillon, Cubzac, Blaye, Bourg. — Le tonneau de 4 barriques, la barrique de 108 pots (30 veltes, 228 litres). — 103,513 hectares. — 18 fr. 50 c.

GARD. — VINS ROUGES. — 1re CLASSE : Chuzelan, (Côte-de-Tavel), Lirac; Tavel, Saint-Geniès, Ledernon, Canteperdrix, près Beaucaire, Saint-Laurent. — 2e CLASSE : Roquèmaure, Saint-Gilles, Bagnols. — 3e CLASSE : Lacostière, Jonquières, Pugeaut, Langlade, Laudun, Vauvert, Milhaud, Calvisson, Aigues-Vives, Le Vigan, Alais. — VINS BLANCS. — Tavel, Calvisson, Laudun. — La pièce de 36 veltes ou 268 litres. — 68,875 hectares. — 8 fr.

GERS. — VINS ROUGES. — Viella, Villecon-Miehan, Plaisance, Vic-Fezensac. — Pas de vins blancs classés. — Barrique de 228 litres. — 95,951 hectares. — 7 fr. 70 c.

GARONNE (HAUTE-). — VINS ROUGES. —

Villandrie, Fronton, Buzet, Montesquieu-de-Volvestre, Cappens, Cugnaux. — Pas de vins blancs classés. — Le tonneau, demi-char de 325 litres. — 45,406 hectares. — 12 fr. 60 c.

HÉRAULT. — VINS ROUGES. — 1re CLASSE : Saint-Georges-d'Orques, Nérarque, Saint-Christol, Saint-Drezery, Saint-Geniès, Castries, Sauvian, près Béziers. — 2e CLASSE : Garrigues, Perols, Villeveyrac, Bouzigues, Frontignan, Poussan. — 3e CLASSE : Loupian, Mèze, Pézenas, Agde, Béziers. Lodève. — VINS BLANCS ET MUSCATS. — Frontignan, Lunel, Marseillan, Pomerols, Picardan, Sauvian, Maraussan, Cazours, Montbazin. — Le muid de 90 veltes, ou 685 litres pour les vins rouges. — La tiercerole de 30 veltes, ou 225 litres pour le vin blanc.— La pipe de 70 à 80 veltes, ou 525 à 600 litres. — Pour les eaux-de-vie. — 117,497 hectares. — 6 fr. 65 c.

INDRE. — Vins non classés. — Valençay, Veuil, Latour-du-Breuil, Concremiers, Saint-Hilaire, Chabris, Reuilly. — Poinçon de 218 litres. — 16, 388 hectares. — 12 fr.

INDRE-ET-LOIRE. — Saint-Nicolas, Bourgueil, Joue, Chisseaux, Civray, Bleré, Athée, Chenonceau, Dierre, Epeigné, Veretz, Francueil, Saint-Avertin, Balan, Chinon, Frondette, Langeais, Amboise, Poce, Mones, Limeray, Souvigny. — Vins blancs. — Vouvray, Rochecordon, Vernon, Nazelles, Noizay, Rougny, Langeais. — Le poinçon de 240 litres. — 35,133 hectares. — 10 fr. 50 c.

ISÈRE. — Vins rouges. — Arrondissement de Vienne, Revantin, Seyssuel, Saint-Chef, Saint-Savin, Jailleu, Grésivaudan, St-Veraud, Crolles, Murinais, Lambin, Bessins. — Vins blancs. — Côte-Saint-André, Ratafia de Tesseire. — L'asnée de 76 litres. — 11,991 hectares. — 13 fr.

JURA. — Vins rouges. — Arbois, Salins, Marnoc, Aiglepierre, Voiteur, Blandans, Poligny, Saint-Lothain, Gérage. — Vins blancs.— Arbois, Pupillien, Quintigny, Montigny-de-l'Étoile, — Le muid de 300 litres, le baral de 58 litre. — 18,992 hectares. — 12 fr.

LANDES. — Vins rouges. — Cap-Breton, Messange, Soustrons, Vieux-Boucaut, le Turson, Castelneau, Urgons, Lenge, Momuy, Cazalis, Doujac, Bassempouy, Boulennes, la Chalosse. — Vins blancs. — Le Turson, Arcet, Banos, Audignan, Sarraziet, Boutin, Bahus, Bastonne, Nousse, Montfort, Caupennes, Gibret. — La barrique de 304 litres. — 19,919 hectares. — 9 fr.

LOZÈRE. — Vignobles non classés ; quelques coteaux dans les Cévennes. — Vins de Marvejols, Florac, Villefort. — 983 hectares. — 11 francs.

LOIRET. — VINS ROUGES. — 1re CLASSE : Beaugency, Guignes, Meun, Beaule, Saint-Ay, Saudillon, Ste-Jeanne-de-Bray. — 2e CLASSE : Jargeau, Saint-Marc, Saint-Gy. — 3e CLASSE : Bou, Mordié, Olivet, Cléry, Saint-Mesmin, Saint-Marceau, Sarang, Gédy, Ingrè, Fleury, Montbarrois, Senoy. — VINS BLANCS. — Marigny, Rebrechien, Saint-Mesmin, Loury. — La pièce ou poinçon de 285 litres. — 36,311 hectares. — 12 fr. 50 centimes.

LOIR-ET-CHER. — VINS NOIRS. — Jarday, Villesecron, Francillon. — VINS ROUGES. — Thésée, Mouthon-sur-Cher, Bouré, Montrichard, Chissay, Pouillé, Augé, Faveroles, Saint-Agnan, Husillé. — VINS BLANCS. — De la Sologne, Murblin, Cour-Chiverny, Muides, Vimeuil, Saint-Claude, Mauret, Montelivaut, Troo, Artuis, Montoire. — Le poinçon de 228 litres. — 26,167 hectares. — 10 fr. 80 c.

LOIRE (HAUTE-). — Vignobles non classés. — Vins de bas, Monistrol, de La Voûte, d'Auzon, de Vauray. — 4,848 hetares. — 13 fr.

LOIRE-INFÉRIEURE. — Très peu de vins

rouges. — VINS BLANCS. — Varade, Monrelais, Valet, Lahaye, Saint-Géréon, Riaillé. — La barrique de 228 litres. — 26,950 hectares. — 9 fr.

LOT. — VINS NOIRS ET ROUGES. — Cahors, Savanac, Parnach, La Pistoule, Bamy, Luzech, Praissac, Prémiac. — VINS ROSES. — Composés de vins noirs et blancs. — Les vins blancs ne sont pas classés. – La barrique de 228 litres. — 53,344 hectares. — 9 fr.

LOT-ET-GARONNE. — VINS ROUGES. — Thizac, Péricard, Buzet, Montflanquin, Castelmoron, Sommenzac, Larocale, Moirax, Marsac. — VINS BLANCS. — Le vin pourri de Buz et Chirac, Marmande, Sommenzac. — La barrique de 228 litres. — 66,156 hectares. — 11 fr.

MAINE-ET-LOIRE. — VINS ROUGES. — Champigny, Dampierre, Varrains, Chassé, Neuflé. — VINS BLANCS. — Parnay, Souze, Froy, Turquan, Thouarcé, Rablay, Savenière. -- La busse de 230 litres. -- 31,358 hectares. — 11 fr. 50 c.

MARNE. — VINS ROUGES. — 1re CLASSE : Verzy, Verzenay, Mailly, Saint-Basle, Bouzi, St-Thierry. — 2e CLASSE : Hautvillers, Mareuil, Disy, Pierry, Épernay, Sillery, Ludes, Chigny, Villers, Allerand, Cumières. — 3e et 4e CLASSES : Villedemange, Chamery, Irigny, Vertus,

Avency, Monthelon, Claveaux, Mancy, Cormoyeux, Vanteuil. — VINS BLANCS. — 1re CLASSE : Sillery, Mareuil, Ay, Disy, Hautvilliers, La Goutte-d'Or, Les Macrets, Pierry, Épernay. — 2e CLASSE : Cramant, Lemenil, Avise, Saint-Martin-d'Ablois. — 3e et 4e CLASSES : Oger, Grauves, Choully, Ancerville, Sézanne, Vitry. — On emploie pour la fabrication des vins mousseux une liqueur nommée *Vin de Fismes,* fabriquée près Rheims (2 litres par pièce de 220 bouteilles). La casse du vin mousseux est, en moyenne, de 15 p. 100. — La demi-queue de 204 litres. — 17,844 hectares. — 15 fr. 60 c.

MARNE (HAUTE-). — VINS ROUGES. — Aubigny, Vaux, Pranthay, Joinville, Saint-Urbin, Créancy, Saint-Dizier. — Le petit barril de 205 litres. — 15,625 hectares. — 10 fr. 50 c.

MEURTHE. — VINS ROUGEE. — Arnaville, Thiaucourt, Charrey, Bayonville, Toul, Essey, Bruley, Pannes, Jaulnay, Écrouves, Rambercourt, Vic, Bondouville. — VINS BLANCS. — Salival, Bruley. — La mesure de 44 litres. — 16,045 hectares. — 16 fr.

MEUSE. — VINS ROUGES. — Arrondissement de Bar-le-Duc, Bussy-la-Côte, Longueville, Ligny, Savonnière, Chardogne, Varney, Apremont, Woinville, Lionville, Vaucouleurs, Saint-

Mihiel, Bruxières, Buxerolles, Rambercourt, Bondouville, Ancerville. — VINS BLANCS. — La Creue, Doncourt. — La charge de 40 litres. — 12,847 hectares. — 10 fr. 80 c.

MOSELLE. — VINS ROUGES. — Sey, Dôle, Tussy, Nouilly, Ars, Semecourt, Sainte-Ruffine. — VINS BLANCS de Dornot. — La mesure de 44 litres. — 5,073 hectares. — 15 fr.

OISE. — Vignobles non classés. — VINS ROUGES des arrondissements de Clermont, Beauvais, Senlis et Compiègne. — VINS BLANCS. — Mouchy-Saint-Éloi, Compiègne. — Le muid de 304 litres. — 2,465 hectares. — 17 fr. 50 c.

PUY-DE-DOME. — VINS ROUGES. — Chanturgne, Chateldon, Ris, Mariolle, Calville, Authezat, Coudes, Néché, Issoire, Cornon, Orcet, Aubières, Lezandre. — VINS BLANCS. — Corent, Chauriat. — Le pot de 15 litres. — 27,530 hectares. — 13 fr.

PYRÉNÉES (BASSES-). — VINS ROUGES. — Jurançon, Gan, Moueins, Aubertin, Chonchez, Luc, Portet, Cadillon, Jadousse, Cucuron, Sauveterre, Lagor, Saut-de-Navailles. — VINS BLANCS. — Jurançon, Gan, Harronein, Saint-Faust, Gélos, Roustignon. — La barrique de 300 litres. — 23,435 hectares. — 11 fr. 60 c.

PYRÉNÉES (HAUTES-). — VINS ROUGES. — Madiran, Castelneau, Saint-Laune, Soublecause, Bagnères. — VINS BLANCS. — Vic-de-Bigorre, Tarbes, Bouilh. — La barrique de 350 litres. —14,825 hectares. — 10 fr. 50 c.

PYRÉNÉES-ORIENTALES. — VINS ROUGES. — Bagnols, Cosperon, Collioure, Portvendre, Rivesaltes, Toremila, Vernet, Prades-du-Roussillon. — VINS BLANCS ET DE LIQUEURS. — Rivesaltes, Sala, Saint-André, Grenache. Muscat. — La charge de 108 litres. — 35,403 hectares. — 11 francs.

RHIN (BAS-). —VINS ROUGES. —Wolscheim, Neuvillers. —VINS BLANCS. — Molsheim, Wolxheimer, Mutzig, Ernolsheim, Schlestadt. — 17,858 hectares. — 12 fr. 70 c.

RHIN (HAUT-). —VINS ROUGES. — Riquevir, Ribeauvillé. — VINS BLANCS ET DE LIQUEURS. — Guebviller, Turkeim, Ruffach, Rixheim, vins de paille. — Rohin de 50 litres. — 10,742 hectares. — 15 fr.

RHONE. — VINS ROUGES. — Côte-Rôtie, Verinay, Sainte-Foy, Irigny, Charly, Cauzon, Palemieux. — VIN BLANC de Condrieu. — La bareille de 210 litres. — 31,805 hectares. — 14 francs 60 c.

SAONE (HAUTE-). — Vins non classés. — Fouquerolles, Ray. — Fabrication du Kirschenwasser.

SAONE-ET-LOIRE. — VINS ROUGES. — Moulin-à-Vent, Romanèche, Torins, Chenas, Fleury, Guinchey, Lancie, Brouilly, Odenas, Morgon, Juillé, Lachassagne, Villers, Charnay. — VINS BLANCS. — Pouilly, Fuissey, Davage. — Pièce de 213 litres. — 34,558 hectares. — 12 fr.

SEINE-ET-MARNE. — Quelques vignobles non classés. — Fontainebleau, Melun et Meaux.

SEINE-ET-OISE. — VINS ROUGES. — Athis, Argenteuil, Mantes. — VINS BLANCS. — Migneaux, Andrésy. — La pièce de 228 litres. — 13,694 hectares. 18 fr. 90 c.

TARN. — VINS ROUGES. — Cunac, Saint-Juéry, Meilhart, La Roque, Gaillac. — La barrique de 210 litres. — 29,298 hectares. — 11 francs 30 c.

TARN-ET-GARONNE. — VINS ROUGES. — Fau, Aussac, Langlade, La Villediou, Saint-Loup, Campsas. — Barrique de 228 litres. — 37,418 hectares. — 8 fr.

VAR. — VINS ROUGES. — La Grande, Saint-Laurent, Cagnes, Villeneuve, Lamalgue, le Castelet, le Beausset, La Cadière, Saint-Nazaire, Ollioules, Cuers, Hyères, Brignolles. - Quelques vins blancs et muscats non classés. — La barrique de 228 litres. — 59,243 hectares. — 10 fr.

VAUCLUSE. — VINS ROUGES. — Châteauneuf-du-Pape, Sorgues, Gadague, Orange, Sérignan. — VINS DE LIQUEURS. — Baume, Mazan. — Le barral de 250 litres. — 26,697 hectares. — 14 fr.

VENDÉE. — Quelques vignobles non classés, de Luçon, des Herbiers et de Séjournay. — La barrique de 228 litres. — 14,960 hectares. — 18 fr.

VIENNE. — VINS ROUGES. — Saint-Georges, Champigny, Dissais, Couture, Jaulnay, Neuville, Mirebeau. — VINS BLANCS. — Loudun, Trois-Moutiers, Curzay, Solonne, Pouancey. — La barrique de 252 litres. — 27,711 hectares. — 8 fr. 50 c.

VIENNE (HAUTE-). — Vignobles non classés. — On cite les crûs de Verneuil, Peirac, Darnac, Saint-Bric, Dompierre, Rochechouart. — 2,747 hectares. — 9 fr. 60 c.

VOSGES. — Charmes, Ubexi, Porcieux, Gircouar, Saint-Dié. — La mesure de 45 litres. — 4,460 hectares. — 11 fr.

YONNE. — VINS ROUGES. — Dannemoine, Tonnerre, Auverre; La Chaînette, Épineuil, Coulange, Avallon, Givry, Joigny, Tronchoy, Cravant, Jussy, Vermanton, Saint-Bris, Pourly, Pontigny. — VINS BLANCS. — Jussey, Épineuil, Chablis, Tonnerre, Fley, Maligny, Viviers, Fontenay, Villy. — La feuillette de 136 litres. 37,600 hectares. — 12 fr. 50 c.

Préceptes pour la conduite, la conservation et l'amélioration des vins.

De la cave.

Une bonne cave doit être à l'exposition du Nord, assez profonde et médiocrement ventilée afin que la température soit peu variable. Trop humide, les bouchons, les cercles et les tonneaux se moisissent; trop sèche, les futailles se tourmentent et le vin transsude. Elle doit être éloignée des fosses, et l'on évitera d'y mettre des matières fermentescibles capables d'en altérer l'air. Lorsque la cave est humide, on augmente la ventilation en pratiquant un guichet ou des trous à la porte, ou en agrandissant les soupiraux. Quant à celles exposées au midi, on masque les soupiraux de manière à ce que le soleil n'y pénètre jamais.

Des tonneaux.

Pour un tonneau neuf on y met un litre d'eau bouillante dans laquelle on a fait fondre 250 grammes de sel ; on l'agite en tout sens, on le vide et on lave encore ce tonneau avec un litre de vin chaud, ou avec une infusion de fleurs ou de feuilles de pêcher. Lorsqu'on veut employer un tonneau qui a servi, on en examine l'intérieur avec le visiteur *(Voyez la fig. 7)* et on le nettoie soigneusement ; mais si cette mousse est jaune ou brune et laisse une tache noire, le tonneau n'est bon qu'à brûler. Lorsque le tonneau exhale une odeur aigre, on y renouvelle l'air avec un soufflet et l'on y brûle une mêche soufrée. On rincera le tonneau à odeur de moisi, en éteignant un kilogramme de chaux vive dans l'eau et en rinçant immédiatement le tonneau avec cette chaux délayée et bouillante. Lorsqu'on a des tonneaux récemment vidés et qu'on veut préserver de l'acidification, on les soufre en y introduisant une mèche allumée soufrée, à l'aide du méchoir ou porte-mèche. *(Voyez les fig. 8 et 9.)* La mèche consumée, la fermentation acétique ne peut plus avoir lieu et altérer le vin qu'on mettra dans ce tonneau.

Remplissage des tonneaux.

Il faut éviter qu'il y ait du vide dans les tonneaux, car l'air qui occupe ce vide tend à acidifier le vin, ce qu'on reconnaît aux fleurs qui le recouvrent et qui précèdent l'acidité.

Il faut donc remplir les tonneaux tous les mois, dans une une bonne cave, et plus souvent dans une cave trop sèche.

Soutirage.

Les vins contiennent, au sortir de la cave, des matières étrangères et en partie fermentescibles, qui, déposées au fond du tonneau, peuvent se mêler de nouveau au liquide et occasionner une seconde fermentation très nuisible au vin.

C'est en février et en mars qu'on soutire les vins et qu'on les retire de dessus leur lie. A cet effet, on pratique à 5 ou 6 centimètres de la douve inférieure un trou dans lequel on enfonce doucement une grosse cannelle, on enlève la bonde sans donner de commotion au tonneau, et on reçoit les vins en brocs qu'on verse dans un tonneau vide. Lorsqu'il s'agit de vins précieux dont le contact de l'air pourrait altérer le bouquet, on emploie le syphon *(Voyez la fig. 10)*.

On opère un second soutirage en juillet ou en septembre.

Collage.

Bien que le vin ait été soutiré, on ne lui donnera une transparence parfaite qu'à l'aide du collage. Cette opération a lieu avant de le mettre en bouteille; cependant il est utile de coller les vins lorsqu'on veut les faire voyager ou lorsqu'ils ont éprouvé un commencement de décomposition. Pour coller les vins rouges on se sert de blancs d'œufs. Six blancs d'œufs suffisent pour une pièce de 220 à 230 litres; on les met dans un saladier dans lequel on verse une demi-bouteille de vin, on y ajoute une poignée de sel pour les vins nouveaux, on bat le tout avec une verge composée de brins d'osier, et on verse ce mélange dans la pièce dont on a préalablement retiré six ou huit bouteilles de vin.

On agite fortement le liquide en tout sens au moyen d'un bâton fendu ou d'un fouet, pendant deux minutes. *(Voyez les fig. 1 et 2.)* Puis on remplit le tonneau et on remet la bonde. Au bout de six à huit jours le vin est éclairci. On emploie quatre œufs pour une feuillette et trois pour une demi-pièce.

Collage des Vins blancs.

On emploie de la colle de poisson. Trois grammes suffisent pour une pièce de 220 à 250 litres. Battez votre colle avec un marteau sur une bûche debout, afin de pouvoir en séparer les feuillets que vous mettrez infuser dans trois décilitres de vin blanc. Au bout de vingt-quatre heures, la colle est détrempée et forme une gelée; si elle présente des grumeaux, écrasez-les entre vos doigts, ajoutez-y trois décilitres d'eau chaude, filtrez au travers d'un linge au moment de coller, ajoutez à votre mixtion une bouteille de vin blanc, battez le tout et agissez comme il est dit ci-dessus pour le vin rouge. Beaucoup de personnes emploient pour le collage des vins la poudre de M. Jullien, elle jouit d'une grande réputation. Il faut éviter de mettre le vin en bouteille lorsque le temps est à l'orage, car il perd sa limpidité et devient trouble. On doit percer la pièce à quatre centimètres du jable (bord des douves dépassant le fond). Quant au reste des observations de la mise en bouteille, elle est trop généralement connue pour en parler ici.

Du mélange des Vins.

Lorsque l'année a été mauvaise et que les raisins n'ont pas mûri, on n'obtient qu'un vin âpre et d'un goût désagréable. Il est alors avantageux d'opérer un mélange. Le vin léger et acidulé des environs de Paris combiné avec un peu de vin vieux du Languedoc donnera un bon résultat.

Un vin trop faible pourra toujours être marié sans inconvénient avec une dose convenable de vin généreux. J'ai mêlé un vin de Bordeaux, âpre, dur et très coloré avec du vin blanc de Joigny, et j'ai obtenu un vin de table très agréable. Les mélanges n'ont rien de répréhensible aux yeux de la loi. Ils ne nuisent pas à la santé quand ils sont bien faits. Tant qu'aux vins sophistiqués avec des substances étrangères, telles que la potasse, le poiré et l'alcool extrait du cidre, du grain ou de la pomme de terre, ils doivent être proscrits. Nous ne parlerons pas ici de la litharge, de sophistications meurtrières dont l'époque actuelle n'offre plus d'exemple. Les bois de teinture ne sont jamais employés, l'acide de vin les décolorerait. Il n'en est pas de même des baies de sureau, des mûres, des prunelles qui n'ont que l'inconvénient de dénaturer le goût du vin.

Maladie des vins.

De l'aigre.

La chaleur de l'atmosphère, les secousses réitérées capables de répandre la lie dans la masse du liquide, le contact de l'air atmosphérique causé par un vide dans le tonneau, sont des causes ordinaires de la dégénérescence acétique ; on modérera la fermentation en transvasant le vin dans un tonneau imprégné de vapeur de soufre *(voyez ci-dessus)* et on l'arrêtera tout à fait en soufrant ou mutant le vin. Pour cela, après avoir bien fermé la bonde, on pratique au bas du tonneau, avec le fouet, deux trous, l'un à 11 centimètres du jable et l'autre à la même distance du premier. Le vin coulera naturellement par le trou inférieur, et l'air qui doit le remplacer entrera par le trou supérieur. Placez vis-à-vis celui-ci une mèche soufrée allumée, la flamme, la vapeur sulfureuse entraînée par l'air s'introduira dans la pièce et traversera la masse du vin dans laquelle elle se dissoudra.

De la graisse.

Le vin blanc atteint de cette maladie perd de sa fluidité et file comme de l'huile, on l'attribue à l'absence d'air entre ses molécules liquides. Pour les vins en tonneau on les collera en ajoutant à la colle trois décilitres d'esprit de vin et on les soutirera quelques jours après. Quelquefois les vins gras se rétablissent naturellement. On rétablira les vins ordinaires tournés à la graisse en les mêlant avec les vins nouveaux.

De l'amertume.

C'est une altération à laquelle sont sujets les

vins vieux, et qui est produite par de nouvelles portions de lie qu'une fermentation insensible sépare du vin.

On y remédiera en collant le vin avec huit blancs d'œufs et en le soutirant après en bouteille ; ils se guérissent naturellement en laissant se former un dépôt de la lie, sur les parois de la bouteille, pendant deux ou trois ans.

Maladie de la vigne.

La cause de cette maladie n'est pas encore parfaitement connue : réside-t-elle dans l'action extérieure du petit cryptogame désigné sous le nom d'*Oïdium Tukeri*, ou bien a-telle une cause plus profonde. et proviendrait-elle d'un défaut d'équilibre dans les fonctions vitales de la vigne, d'un engorgement produit par une production trop abondante de sève? Telle paraît être au reste l'opinion d'un savant distingué, M. Guérin Menneville. — Il s'appuie d'ailleurs sur plusieurs faits : le déchaussement de la vigne, l'ablation d'une partie du chevelu ; une entaille peu profonde pratiquée au pied de chaque cep; une taille tardive faisant perdre une sève surabondante, tous ces divers procédés concourant au même but s'accorderaient avec l'observation que ce sont les vignes les plus belles et les plus abondamment nourries qui ont d'abord été frappées de la maladie. Des hommes pratiques et d'autres savants, parmi lesquels nous citerons M. Boitard, pensent au contraire que l'*Oïdium Tukeri* est la cause immédiate de la maladie, et qu'il faut attaquer directement ce cryptogame. L'hydrosulfate de chaux a été employé avantageusement pour cet objet.

Voici comment il se prépare : prenez 250 grammes de chaux-vive que vous éteindrez dans une terrine, mélangez-y un poids égal de fleur de soufre, pétrissez ce mélange, délayez le tout dans un litre d'eau , faites bouillir le tout pendant dix minutes, laissez refroidir, décantez et mettez dans des bouteilles où ce mélange peut se conserver deux ou trois mois. Pour l'employer, versez un litre de cette décoction dans cent litres d'eau, et mouillez les vignes malades au moyen d'une seringue munie d'une pomme percée de petits trous. Les cent litres suffisent pour cent mètres de superficie de vignes malades. Il est utile de répéter l opération deux fois avant la floraison et une fois après que le raisin est noué. On doit à M. Boitard la modification suivante de ce procédé qui a été suivie du plus brillant succès. Elle consiste à ajouter 3 décigrammes 1/4 (environ 6 grains) de bichlorure de mercure ou sublimé corrosif par litre de décoction.

Oïdium grossi au microscope.

M. Paul Troccon de Lyon, a reconnu et signalé, comme cause de la maladie de la vigne un acarus microscopique qui se multiplie prodigieusement. Il est jaune, translucide, se mouvant et sautant avec une agilité extraordinaire. Il pique le bois, les feuilles et le raisin qu'il entoure d'un réseau sous lequel il pose ses œufs dans une sorte de coucou.

L'oïdium ne serait donc qu'un système et non une cause. Au reste, M. Troccon préconise l'hidro-sulfate de chaux contre cet acarus.

Composition de la cave d'un gourmet

PAR M. FOULQUIER DE LA MARINIERE

En vins fins, vins de liqueurs, Français et Étrangers.

Alicante . . . . *Espagne.*
Arbois . . . . *Jura.*
Aï, ... *Marne.*
Beaune. . . . . *Côte-d'Or.*
Cap (du). . . . . *Afrique.*
Chablis . . . . *Yonne.*
Chambertin. . . . . *Côte-d'Or.*
Château-Grillé . . . . *Loire.*
Chypre . . . . *Turquie.*
Clairette-Saint-Dié . . . . *Drôme.*
Condrieux. . . . . *Rhône.*
Corfou. . . . . *Iles Ioniennes.*

(SUITE DE LA CAVE)

Corton	*Côte-d'Or.*
Côte-Rôtie	*Rhône.*
Coulange	*Yonne.*
Épernay	*Marne.*
Frontignan	*Hérault.*
Graves	*Gironde.*
Grenache	*Pyrénées-Orientales.*
Hermitage	*Drôme.*
Johannisberg	*Allemagne.*
Jurançon	*Basses-Pyrénées.*
Lacrima-Christi	*Vésuve.*
Laffite (Château-)	*Gironnde.*
Lamalgue	*Var.*
Léoville	*Gironde.*
Limoux	*Aude.*
Madère (Ile de)	*Afrique.*
Malaga	*Espagne.*
Malvoisie	*Grèce.*
Margaux (Château-)	*Gironde.*
Marsalla	*Sicile.*
Médoc	*Gironde.*
Mercurey	*Côte-n'Or.*
Meursault	*Gironde.*
Montmélian	*États-Sardes.*
Moulin-à-Vent	*Saône-et-Loire.*
Nuits,	*Côte-d'Or.*
Palerme	*Sicile.*
Paxarete	*Espagne.*
Pomard	*Côte-d'Or.*
Porto	*Portugal.*
Pouilly-Fuissé	*Saône-et-Loire.*
Rota	*Ile Minorque.*
Richebourg	*Côte-d'Or.*
Rivesaltes	*Pyrénées-Orientales.*
Romanée-Conti	*Côte-d'Or.*
Saint-Péray	*Ardèche.*
Sauternes (Haut-)	*Gironde.*

(SUITE ET FIN DE LA CAVE)

Sillery	*Marne.*
Scio.	*Turquie.*
Smyrne	*Turquie.*
Tavel.	*Gard.*
Tokay	*Hongrie.*
Thorins . , ...	*Saône-et-Loire.*
Vins sauts.	*Grèce.*
Volnay.	*Côte-d'Or.*
Vougeot (Clos-)	*Côte-d'Or.*
Veuvray	*Indre-et-Loire.*
Xérès.	*Espagne.*

Origine du Commerce.

La science commerciale, comme on le sait, comprend dans son riche domaine une foule de connaissances utiles qu'il n'est guère donné à la perspicacité de l'homme ni de saisir, ni de posséder entièrement. Aussi, ne saurait-on trop développer ou simplement retracer à sa mémoire, et la source du commerce et les vastes rapports qui en assurent la prospérité.

Il n'est donc pas sans intérêt de consigner dans ce recueil, article par article, et avec toute la brièveté, quelques renseignements épars sur l'origine du commerce, sur sa géographie et sur les progrès successifs de l'industrie.

Or, entrons en matière, en nous rappelant cette judicieuse expression de Cicéron :

Les Arts et les Lettres ont certains points de rapprochement qui sont pour eux comme des liens de parenté.

Pour avoir l'origine du commerce, il faut naturellement remonter à la chronologie commerciale qui admet les époques de l'expédition des Argonautes, en Grèce, 1263 ans avant Jésus-Christ; des beaux jours du commerce dans la Phénicie, 826 ans; de la fondation d'Alexandrie, par Alexandre, 322 ans; de l'état florissant de Carthage, 264 ans; de Rome ou de la ruine du commerce, 27 ans avant Jésus-Christ; des califes abassides ou de la restauration du commerce; des quatre premières Croisades ou du goût du commerce en Europe, en 1100; de Saint-Louis ou de l'industrie ranimée en France, en 1258; des deux découvertes de l'Amérique et de l'Inde par le cap de Bonne-Espérance, 1492 et 1497, et du siècle des lumières, sous le règne glorieux de Louis XIV, en 1673.

L'expédition des Argonautes n'est que l'allégorie des efforts que firent les Grecs pour essayer d'avoir un commerce.

Les Phéniciens, dans les beaux jours de leur industrie, portèrent la civilisation et les lumières dans toutes les contrées de l'Ancien-Monde dont ils devinrent les bienfaiteurs.

Alexandre, roi de Macédoine, nommé généralissime des Grecs, après avoir vaincu Darius, bâtit Alexandrie, en Égypte. Il n'avait sans doute aucun projet de commerce, comme le supposent les historiens, mais ses successeurs, les deux premiers Ptolémée, conçurent des idées plus sages que lui.

C'est sous Ptolémée-Philadelphe que le commerce de l'Orient fut ravi aux Tyriens, et qu'Alexandrie, capitale de l'Égypte, devint l'entrepôt général des trois parties du monde, alors seules connues.

Carthage, qui dut sa fondation à Didon, succéda à la Phénicie, dont elle était une colonie; elle se trouva puissante quand Rome eut conquis l'Italie, et de là les guerres puniques ou carthaginoises. La première qui eut lieu 264 ans avant Jésus-Christ, dura 23 années; la deuxième, 218 ans, fut terminée dans 7 années, et la troisième, 150 ans, se termina l'an 146, époque à laquelle Carthage fut ruinée par les Romains, elle ne dura que 3 années.

En total, les guerres puniques occupent dans le règne de Carthage environ huit siècles, un espace de 118 ans; elles ont duré 33 ans.

Fière de ses conquêtes et de sa puissance, Rome oublia ses antiques vertus, plia sous le plus honteux despotisme et dédaigna les mains qui la faisaient vivre, en même temps que, par une déplorable inconséquence, elle donnait dans toutes les folies du luxe le plus extravagant.

Deux principales dynasties gouvernèrent les Arabes ou Sarrasins : celle des Omniades et celle des Abassides. Les Omniades étendirent l'empire, mais les Arabes le firent fleurir par les lumières, l'industrie, le commerce et le goût.

Ce fut au temps des Croisades que l'Europe moderne dut sa civilisation, et ce qui n'était qu'un enthousiasme presque insensé, devint la source d'une prospérité générale.

La première Croisade, en 1092, fut provoquée par l'ermite Pierre : Godefroy la commandait; Jérusalem fut prise et devint bientôt un royaume.

La deuxième, en 1145, fut prêchée par saint Bernard, que ses lumières et ses vertus rendaient alors fort célèbre en France. Dans cette guerre qui eut un résultat malheureux, figurèrent Louis VII-le-Jeune et Conrad, empereur d'Allemagne.

La troisième, en 1154, fut dirigée contre Noradin, soudan de Syrie, et Saladin, soudan d'Égypte, deux princes tartares qui s'étaient mis à la place des Sarrasins. Philippe-Auguste, roi de France, Richard-Cœur-de-Lion, roi d'Angleterre, Frédéric Ier, empereur d'Allemagne, firent les premiers frais de cette croisade qui fut extrêmement malheureuse.

La quatrième, en 1203, fut prêchée par Foulques, curé de Neuilly, et avait pour objet de maintenir Isaac-l'Ange sur le trône de Constantinople. Ce fut dans cette guerre que les Vénitiens établirent les empereurs latins et firent un immense commerce; que les Gênois rétablirent la dynastie grecque qui s'était retirée vers la mer Noire et devinrent à leur tour florissants.

Saint Louis, auteur des cinquième et sixième croisades, en 1246 et 1291, fut également illustre par son courage, par son génie et par ses vertus; c'est de lui que date la naissance des arts parmi les Français et dans tout le nord de l'Europe moderne.

Christophe Colomb, issu d'une famille médiocre de Gênes, sur les seuls renseignements d'un pilote basque eut la hardiesse de parcourir des mers inconnues, et le bonheur de découvrir l'Amérique, au nom d'Isabelle, reine de Castille, qui avait faiblement goûté ses projets, qui profita de leur réussite et ne fut rien moins que reconnaissante.

Après, en 1497, Vasco de Gama, Portugais, homme non moins célèbre, doublant le cap de Bonne-Espérance, arrivait dans l'Inde par un chemin tout à fait nouveau, procurant à sa patrie le plus beau commerce de l'Univers, et contribuant, ainsi que Colomb, à changer les idées de tous les cabinets de l'Europe.

L'ordonnance de 1673, sur le commerce, et celle de 1687, sur la marine, toutes deux dues à la munificence de Louis XIV et au génie de Colbert, ont créé pour le commerce français une époque remarquable.

On sait que l'existence du monde remonte à quatre mille ans avant Jésus-Christ et que l'ère chrétienne compte déjà 1869 années; mais s'il fallait indiquer toutes les époques remarquables depuis la création du monde, ce serait, pour ainsi dire, se perdre dans la nuit des temps et fournir des renseignements bien peu intéressants pour la science dont nous nous occupons.

Aussi croyons-nous ne pouvoir mieux terminer notre article sur l'origine du commerce qu'en rappelant, par ordre de dates et avec concision, les faits du détail qui ont été, dans des temps déjà reculés, les plus importants pour le commerce.

A supposer que quelques anachronismes nous échappent, on nous les pardonnera, d'autant mieux que les meilleurs historiens se trouvent eux-mêmes peu d'accord sur certaines dates.

Or, nous n'hésitons pas à citer :

Avant Jésus-Christ.

Le voyage des Argonautes dans la Colchide, en . . .	1263
Les colonies grecques de l'Asie-Mineure.	1044
La Phénicie florissante, Salomon et le commerce en Judée	1000
La belle époque des Phéniciens.	826
La puissante marine des Carthaginois et les galères à trois rangs de rames.	788
La colonie corinthienne, à Syracuse en Sicile	732
Les Argiens jetant les fondements de Byzance. . . .	658
Le long voyage autour de l'Afrique par les ordres du roi Néchao.	614
La fondation de Marseille par une colonie de Phocéens	552
L'époque de Périclès et la naissance des arts à Athènes.	469
Les beaux jours du commerce de l'ancienne Grèce. .	400

Après Jésus-Christ.

Le premier voyage fait autour du monde par un navigateur anglais nommé Drake, et la découverte du tabac. 1580

Le règne d'Elisabeth sur les Anglais, les colonies dans les parages américains et le grand accroissement du commerc. 1586

L'invention des horloges de poche. 1593

Le règne de Henri IV en France et l'espoir d'un heureux avenir. 1598

L'influence de Richelieu sur les lettres, la navigation et les arts. 1634

L'acte de navigation de Cromwel, l'esprit de la politique anglaise et la grande extension donnée au commerce. 1654

La fabrication des bas en France due à Hindret, l'accroissement de la culture dans les colonies, et le premier usage du café. 1655

La célèbre administration de Colbert, les lois du commerce, l'ordre dans les finances et l'encouragement des manufactures. 1661

Les progrès sous Louis XIV, des arts libéraux, des sciences mécaniques et de la navigation . , ... 1666

La création de la Banque d'Angleterre sous le règne de Guillaume III. 1693

L'établissement de la Banque et du papier-monnaie en France, le renversement de la Banque de Law et le bouleversement des fortunes chez les particuliers 1707

Le voyage de Pierre-le-Grand, l'extension des lumières dans le Nord et la civilisation précoce des Russes. 1723

La découverte d'Herculanum et l'influence des antiques de toute espèce sur le goût dans les arts . . . 1749

L'insurrection des Américains qui se rendent indépendants 1773

Le ministère de Turgot, économiste, et l'*Encyclopédie* entreprise. 1774

La Révolution en France, le papier-monnaie et sa chute, l'interruption du commerce, révolte des nègres à Saint-Domingue, la guerre opiniâtre avec l'Angleterre, la perte de toutes nos colonies et le système continental. 1789

La paix générale, le retour des Bourbons, leur règne, la restitution à la France de plusieurs de ses colonies et le rétablissement du commerce maritime. . 1814

(REVUE COMMERCIALE MARITIME, *Bordeaux, avril* 1828.)

TABLEAU

indiquant la quantité d'alcool pur renfermée dans les Vins rouges du département de la Gironde, classés par arrondissement.

D'après le savant M. Fauré, qui fait remarquer dans le tableau qui nous a servi de guide, que tous les produits ont été amenés, avant d'être pesés, à la température unique de 15 degrès centigrades, on a imprimé en petites majuscules la plupart des vins fins du Médoc dont il a pu recueillir l'arôme et l'examiner séparément, et les noms imprimés en italique sont ceux dont l'alcool n'avait qu'un léger arôme.

LOCALITÉS	ALCOOL POUR CENT
1re Arrondissement.	
Blaye..	10 25 à 10 50
Cars..	10 25 à 10 50
Saint-Martin	10 62 à 10 66
Saint-Seurin de Cursac.............	10 15 à 10 25

LOCALITÉS	ALCOOL POUR CENT
BOURG	10 15 à 10 33
BAYON	10 » à 10 30
GAURIAC	10 11 à 10 22
Montbrier	9 37 à 9 43
SAINT-SEURIN DE BOURG	10 15 à 10 18
Teuillac	10 15 à » »
Tauriac	10 08 à 10 15
Saint-Ciers-Lalande	8 90 à 9 15
Saint-Savin	9 » à 9 10
2e Arrondissement.	
Civrac	9 66 à 9 87
Libourne (Palus)	9 47 à 9 85
SAINT-ÉMILION	9 18 à 9 21
Izon	8 75 à 8 90
Saint-Sulpice	8 75 à 8 90
Branne	9 25 à 9 45
Baron	7 80 à 8 »
Génissac	9 » à 9 05
Castillon (Côtes)	9 20 à 9 27
Sainte-Terre	8 70 à 8 90
Sainte-Foy	9 » à 9 10
Coutras	8 25 à 8 30
Parsac	9 15 à 9 45
Rauzan	8 80 à 8 90
Lussac	9 » à » »
3e Arrondissement.	
La Réole	8 50 à 8 65
Caudrot	8 80 à 8 90
Saint-Macaire	7 80 à 7 90
Saint-Maixant	8 47 à 8 75
Saint-Pierre d'Aurillac	7 70 à 8 15
Monségur	7 66 à 7 80

— —

LOCALITÉS	ALCOOL POUR CENT
Sauveterre	7 90 à 8 15
Targon	7 75 à 8 »
4e Arrondissement.	
Bazas	8 90 à 6 »
Aillas	8 » à 9 10
5e Arrondissement.	
Bègles (Palus)	9 20 à 10 »
— (La Raze)	9 25 à 9 85
Bouscat	7 70 à 8 75
Bruges	8 66 à 9 »
Caudéran	8 90 à 9 »
TALENCE	9 45 à 9 75
LA MISSION	10 » à 10 12
BLANQUEFORT	9 » à 9 10
Eyzines	8 75 à 8 90
Ludon	8 70 à 9 »
Macau	8 90 à 9 »
Saint-Médard	9 25 à 9 35
Cadillac (Côtes)	10 » à 10 85
Capian	9 25 à 9 60
Langoiran	9 10 à 9 15
Paillet	9 25 à 9 35
Arbanats	8 85 à 9 »
Rions	9 15 à 9 20
Quinsac	9 » à 9 10
Beautiran	9 50 à 10 »
Castres	9 60 à 9 70
Cambes	9 25 à 9 30
Baurech	9 » à 9 20
La Tresne (Palus)	9 30 à 9 60
— (Côtes)	9 10 à 9 25
Bouliac	9 25 à 9 35

LOCALITÉS	ALCOOL POUR CENT
Floirac (Palus)	10 » à 10 50
— (Côtes)	9 20 à 9 30
Cenon	9 66 à 10 »
Queyries 1res	10 70 à 11 »
— 2es	10 » à 10 50
— 3es	9 75 à 10 15
Lormont	9 » à 9 10
Carbon-Blanc	9 15 à 9 25
Bassens	9 20 à 9 35
Sainte Eulalie	10 » à 10 15
Ambarès	9 75 à 10 25
Ivrac	10 » à 10 15
Saint-André de Cubzac	8 75 à 9 05
Saint-Laurent	8 60 à 9 »
Saint-Loubès	8 50 à 8 55
Beychac	8 30 à 8 45
MONTFERRAND	9 50 à 9 70
Fargues	9 25 à 9 65
Carignan	9 20 à 9 45
Pompignac	9 » à 9 10
Camarsac	8 90 à 9 »
Salleboeuf	8 75 à 9 15
Sadirac	8 » à 8 25
Créon	8 50 à 9 10
La Sauve	8 50 à 8 75
Mérignac	8 25 à 8 50
Pessac	9 » à 9 10
HAUT-BRION	9 » à » »
Gradignan	8 75 à 8 90
Cestas	8 60 à 8 70
SOUSSANS	9 20 à 9 65
Martillac	8 75 à 9 10
LÉOGNAN	9 15 à 9 50
Cadaujac	9 20 à 9 40

LOCALITÉS	ALCOOL POUR CENT
Margaux	9 65 à 9 75
Avensan	9 25 à 9 85
Citran	9 25 à 9 85
Carbonieux	9 85 à 10 »
6° Arrondissement.	
Lesparre	9 50 à 9 66
Bégadan	9 20 à 10 »
Saint-Christoly	9 25 à 9 60
Civrac	9 66 à 10 »
Saint-Trélody	9 25 à 9 80
Valeyrac	9 25 à 9 60
Pauillac	9 25 à 9 70
Château-Laffite	8 70 à » »
Château-Margaux	0 75 à » »
Château-Latour	9 33 à » »
Cos-d'Estournel	9 » à » »
Brane-Mouton	9 » à » »
Léoville	9 15 à » »
Gruau-Laroze	9 85 à » »
Cantenac	9 25 à » »
Giscours	9 10 à » »
La Lagune	9 30 à » »

Kérichk.

(Un mot sur les vins de Bordeaux.)

Appareil distillatoire condensateur à sextuple effet, de M. PÉRUSAT (Émilien).

Il se compose de sept réservoirs en cuivre étamé; ces réservoirs sont apposés sur un tuyau rond en cuivre, on couvre chacun de ces réservoirs d'un couvercle genre chapiteau *(d'alambic)* au haut duquel il y a une vis où s'adapte un col-de-cygne qui se dirige dans un réfrigérant. (*Le même réfrigérant sert pour les sept serpentins des sept cols-de-cygnes).*

Le tuyau rond en cuivre sur lequel sont apposés les réservoirs, part d'une chaudière en cuivre ou fer battu, en forme de curcubite; on fait reposer chaque réservoir sur les parois de la chaudière afin qu'ils reçoivent plus de chaleur, ou bien percer la chaudière, pour que le fond de chaque réservoir y baigne.

Suivant la quantité de réservoirs qu'on emploie, on peut en employer plusieurs sans qu'ils aient besoin de cols-de-cygnes :

1° Un pour la fonte des sirops; 2° un pour les infusions pressées; 3° un pour le vieillissement des spiritueux et liqueurs, puis les autres, pour les distillations diverses des eaux-de-vie et esprits composés.

Le tuyau du milieu sur lequel sont apposés les réservoirs devrait être percé dans le haut afin de recevoir un col-de-cygne qui servirait à obtenir de l'eau distillée provenant de la curcubite.

Il y aurait lieu de toujours tenir un des réservoirs plein d'eau, qui servirait à alimenter la chaudière; au fond de ce réservoir on mettra une soupape qu'on soulèvera pour que cette eau tombe directement dans la curcubite, et par ce moyen le bouil ne s'arrête pas.

Il est de rigueur de mettre dans la curcubite un flotteur *(aiguille flotteur)*, dont la tige ressortirait par un petit trou pratiqué au milieu du tuyau supportant les réservoirs; cette aiguille devra être graduée, elle sert à connaître la diminution de l'eau dans la chaudière.

Le récipien, récepteur des sept réservoirs, devra être percé dans le bas d'autant de trous qu'il y aura de réfrigérants (s'il y en a moins de sept ou plus).

Avec cet appareil on peut y joindre plus ou moins de réservoirs.

On peut aussi avoir une chaudière large à plusieurs bains-marie, du genre actuel, que l'on surmontera d'un chapiteau et d'un col-de-cygne, etc.

Il résulte de cet appareil, qu'avec une seule chauffe on peut, dans le même laps de temps, faire plusieurs distillations avec le même feu, sans consommer plus de combustible que pour un seul alambic.

SUPPLÉMENT DE SYSTÈME A AJOUTER A L'APPAREIL CI-DESSUS.

Joindre au tuyau du milieu autant de tubes étroits, en cuivre ou en étain, très mince, qu'il y aura de réservoirs; chacun de ces tubes devra être en forme de serpentin et baigner dans chaque réservoir; l'ouverture d'écoulement pour l'eau bouillante qui, en état d'ébulition, passera dans ses tubes, devra être dans le fond de chacun d'eux, et même pour éviter la trop grande quantité de vapeur, il serait indispensable que le bout de chacun de ces tubes se réunirait dans un œuf hermétic, au-dessous duquel il y aurait un réfrigérant qui, en refroidissant toutes ces vapeurs d'eau, donnerait une excellente eau distillée, et par ce changement, il est inutile de mettre un col-de-cygne au centre du tube du milieu. Chaque réservoir doit être muni d'un robinet en cuivre posé dans le fond de chacun d'eux.

Si au lieu de faire de l'eau distillée par les tubes condensateurs on dirige ces derniers dans un gobelet muni d'un autre tube qui rapporterait l'eau bouillante qui en sortirait dans le réservoir de réserve servant à l'alimentation de la chaudière, on aurait alors nullement, ou du moins en bien moins grande quantité, besoin d'entretenir le réservoir de réserve, attendu que la même eau de la chaudière lui serait rendue, sauf la perte éprouvée par les vapeurs.

Appareil condensateur simple pour affiner les eaux-de-vie coupées entre elles, les 3/6 unis aux eaux-de-vie, les diverses compositions parfumées, etc., etc.

D'après les recherches de M. Pérusat, cet éminent distillateur a trouvé que le moyen le meilleur d'adoucir le feu des 3/6 bon goût était de les porter de 70° à 78° de chaleur, dans un vase hermétiquement fermé.

La description de cet appareil est fort simple, c'est tout simplement un cylindre en cuivre doublé étamé *(ayant en tout la forme d'une barrique)*, au haut du cylindre on fait passer deux ouvertures se bouchant avec deux vis en cuivre ; ses deux trous servent à introduire le liquide qu'on veut vieillir ; au bas du cylindre, on met un fort robinet en cuivre qui sert d'écoulement lorsque l'opération est faite. Dans l'intérieur du cylindre est un serpentin très mince, en étain, dont le bout doit sortir par un trou pratiqué au côté opposé au robinet d'écoulement ; à l'encolure du serpentin qui doit commencer sur le dessus du cylindre, on adapte un col-de-cygne dont l'extrémité va rejoindre le chapiteau d'une curcubite remplie d'eau, qui est elle-même apposée sur un fourneau construit à cet effet.

Le cylindre doit être supporté sur un entablement roulant, afin de pouvoir le déplacer après chaque opération.

MANIÈRE D'OPÉRER

On garnit le cylindre du liquide qu'on désire vieillir ; on ferme bien les vis et le robinet ; on adapte le serpentin au col-de-cygne ; on visse bien aussi ce dernier à ces deux jonctions, puis on garnit la curcubite au trois quarts de sa contenance ; on allume le feu dessous, et on porte à l'ébullition l'eau dont on la chargée ; sitôt quelle bout elle monte dans le col-de-cygne, et de là, descend dans le réfrigérant, pour mieux dire, dans le serpentin. Ces vapeurs se condensent et forment une excellente eau distillée qui n'est bonne que tant que le composé liquide qui est dans le cylindre est froid, mais sitôt qu'il s'échauffe, il ne faut plus mettre cette eau de côté, car elle prend un goût légèrement acre et peu servable.

On connaît que le liquide qui est dans le cylindre est assez chaud, lorsque l'eau de la curcubite sort par le serpentin en forme de vapeur ; du reste, on n'a qu'à appuyer les mains sur le cylindre ; sitôt qu'on sent qu'il est chaud au point de ne pouvoir y tenir la main dessus, on retire le feu de dessous la curcubite, puis on laisse refroidir le cylindre ; pour un, contenant cent litres, il faut près de trente heures et ainsi de suite, cependant plusieurs centaines de litres ne mettraient pour refroidir plus de quarante-huit heures.

OBSERVATIONS

1° Que le cylindre soit, avant de s'en servir, proprement nettoyé et bien rincé, et de plus, qu'il soit bien égoutté. A cet effet, il ne serait pas superflu d'y poser au-dessous un trou auquel on adapterait une vis ;

2° Avant d'y introduire le liquide à condenser, l'on s'assure si la vis de dessous est bien jointement vissée, en faire de même au robinet d'écoulement. Une fois plein, bien visser aussi les vis du dessus, bien examiner si les jonctions où est soudé le serpentin ne sont pas disjointes, en un mot, s'assurer que tout est fortement et hermétiquement joint, fermé sans aucune fissure, alors seulement on peut commencer l'opération ;

3° On peut, en place de cylindre en cuivre, si on ne peut en faire la dépense, se servir d'un fût à douvelles très fortes et cerclé en fer, se touchant les uns les autres ; mais, au préalable, on aura eu le soin d'y introduire le serpentin qu'on devra bien souquer afin qu'il ne se dérange pas lors du déplacement du fût.

N. B. — En tout et pour tout on suit les observations comme pour le cylindre en cuivre. Nous devons prévenir que les opérations faites dans le fût perdent en degrés et en quantité, attendu que le bois est toujours absorbant, aussi humide qu'il soit ; seulement, plus il sert, moins il reste spongieux.

Tant qu'au mélange des eaux-de-vie et 3/6, notre cadre est trop restreint pour les indiquer ici.

N. B. — Ce cylindre est pour l'union des coupages en général et le vieillissement des eaux-de-vie et esprits.

Résumons :

1° Un esprit de quelques mois, ayant subi une chauffe, paraîtra avoir un an ;

— —

2° Le même ayant subi deux chauffes paraîtra avoir de deux à trois ans;

3° Un tafia bon goût, mais nouveau, ayant éprouvé une chauffe, paraîtra avoir un an; ayant subi deux chauffes, paraîtra avoir de deux à qua re ans, suivant qualité; ayant supporté trois chauffes, à huit jours de distance chacune, paraîtra avoir de quatre à neuf ans.

De même pour les eaux-de-vie.

Notons bien encore : tout coupage additionné de plantes odoriférantes ou à base herbacée', chauffée au cylindre, l'arôme de ses drogues se développera considérablement; aussi conseillons-nous de n'opérer que sur des coupages de 3/6 à eaux-de-vie, sans mélange d'aucune infusion. *Du reste, qu'on agisse comme on l'entendra.*

Pour les compositions parfumées, il est indispensable, car les vapeurs ne s'enveloppent pas, elles conservent toutes leurs parties essentielles.

Pour opérer sur des plantes, il serait utile que l'orifice des trous d'introduction soit plus large, afin de pouvoir y faire entrer un petit cylindre percé de mille petits trous dans le quel on mettra les plantes.

Mieux encore : MM. les Distillateurs devraient tous avoir plusieurs petits cylindres de diverses dimensions qui serviraient à l'obtention des composés parfumés :

1° Ils devraient être portatifs;

2° A large ouverture, mais se vissant, afin que les vapeurs se condensent sans échappements;

3° Qu'ils soient de dimensions à pouvoir entrer dans une chaudière dans laquelle on les mettrait à chauffer.

N. B. — Qu'on ne craigne pas l'explosion des cylindres, attendu que l'alcool ne bout qu'à 78° centigrade. S'ils étaient garnis d'eau, on pourrait craindre cela, vu que si on forçait le feu elle dépasserait les 100° centigrade qu'il lui faut pour bouillir; l'alcool étant beaucoup plus léger que l'eau, sa densité ne permet pas qu'il ait une pression assez forte pour faire briser un cylindre de l'épaisseur que nous avons recommandée.

M. Pérusat a fait plusieurs expériences qui permettent d'assurer notre assertion.

De plus, nous devons à l'extrême obligeance de ce distillateur-chimiste, breveté, déjà précité, quelques procédés sur l'art de conserver les blés, les viandes fraîches et toutes les substances alimentaires en général.

M. Pérusat est, depuis plusieurs années, en essais et en études pour arriver à obtenir un moyen de conservation pour conserver dans toute leur sève les blés servant à l'alimentation. On ne l'ignore pas, c'est une question d'intérêt national qui a préoccupé bien des hommes éminemment sérieux, ainsi que les savants de bien des époques.

N'ayant pas fini ses essais ou ne trouvant pas qu'il y a assez longtemps qu'il a opéré, M. Pérusat n'a pas jugé prudent de nous livrer ses méthodes avant d'avoir acquis la certitude de leur efficacité conservatrice. Il les fera connaître dès qu'il en aura obtenu les heureux effets.

Il nous a cependant conseillé de suivre la méthode de l'absorption de l'air (déjà indiquée, il y a à peu près deux ans, par M. ***, malheureusement nous ignorons son nom). D'après le procédé de M. ***, on construit des cylindres en tôle ou boîte carrée fermant hermétiquement dans tout les sens et possédant un couvercle par lequel on conduit le blé qu'on veut conserver, mais, au préalable, on a eu le soin d'enlever l'air contenu dans ces boîtes avec une machine pneumatique à forte absorption, puis on pose les couvercles dessus lesdites boîtes opérées, on les entoure dans leurs jonctions d'un lut (1) quelconque afin d'empêcher l'air extérieur d'y pénétrer.

Sans s'écarter beaucoup de la méthode sus-indiquée, M. Pérusat conseille, afin d'éviter l'achat très onéreux d'une machine pneumatique, d'absorber l'air par le moyen du soufre en feu.

Mais transcrivons sa manière d'opérer :

(1) En terme de chimie on appelle LUT, une pâte ou un mortier fin, homogène, confectionné pour boucher les fissures, trous ou ouvertures des appareils de laboratoire.

Art de conserver los Blés et Céréales diverses.

Les blés, froments, haricots, lentilles, pois, etc., etc., qu'on veut conserver plusieurs années dans un état sain, doivent être cueillis en maturité et par un temps très sec, si toutefois la moisson a eu lieu par une atmosphère humide, on la fait alors très bien sécher avant l'emmagasinage; ce ne sont, du reste, que les opérations d'usage.

MANIÈRE D'OPÉRER.

Le procédé Pérusat s'applique non-seulement aux blés et froments divers, mais bien aussi à toute espèce de céréales quelconque; mais pour éviter l'achat couteux des caisses en tôle, on se munit de sacs en grosse toile à mailles serrées qu'on enduit de goudron à bas prix où toute autre matière grasse qui aurait la propriété d'intercepter l'air à travers le tissus. Pour mieux y arriver, on chausse deux sacs l'un dans l'autre, tous deux déjà préparés, on y repasse une forte couche de matière grasse, sitôt la céréale introduite; pour pouvoir manier ces saes graisseux, on y jette de la sciure de bois dessus.

Ces sacs, ainsi préparés, sont appuyés contre les parois d'un objet quelconque afin de les tenir debout la bouche ouverte, on se munit de ficelles ou cordes minces, mais très solides, pouvant supporter une forte pression.

Au-dessus de l'objet qui tient le sac ouvert, on place le blé ou la céréale qu'on désire conserver; le dessus doit être à bascule, se renversant directement vers la bouche du sac, afin de donner plus de facilité à son écoulement dans ce dernier; le tout étant ainsi préparé, on a vers soi une petite marmite en fer battu (pas à long col, marmite de cuisine), on se munira d'une passoire sphérique en cuivre non soudé ou en fer battu, qui devra entourer la marmite depuis le haut du col jusqu'au bas de ses pieds; cette passoire, appelée *étamine*, devra être trouée dans toutes ses parties d'une infinité de petits trous plus étroits que la grosseur des grains à conserver, pour ne pas qu'ils s'y introduisent; cette étamine devra être munie, dessous, d'un croc en fer rivé au-dessus *(non soudé)* qui servira à prendre l'anse de la marmite; au-dessus de l'étamine on adaptera un anneau en fer auquel on attachera un long morceau de fil de fer.

Les sacs étant préparés comme il a été dit, on introduit dans la marmite précitée une demi-livre de fleur de soufre, on y met le feu avec une allumette, on la recouvre immédiatement de l'étamine, avec le croc dont elle est munie on accroche l'anse, puis on l'introduit avec précaution dans le sac, en faisant bien attention qu'elle ne touche pas l'étoffe, crainte qu'il ne prenne feu; il est vrai que l'étamine lui sert d'abri; il faut aussi avoir la précaution que les pieds de la marmite ne touchent pas le fond du sac; mais cependant il faut l'y descendre le plus possible afin que les vapeurs soufrées se répandent bien partout.

Le fil de fer qui tient la marmite et l'étamine doit être passé dans une poulie qui devra être au-dessus de la bouche du sac, et l'extrémité de sa tige beaucoup plus éloignée, attendu qu'au moment où on voudrait retirer la marmite, les vapeurs sulfureuses empêcheraient de pouvoir s'approcher, une forte ficelle devra être attachée au devant de la planche formant bascule, et une seconde à son extrémité; ces deux ficelles servant : la première, à soulever la bascule, la seconde à la maintenir pour ne pas qu'elle se soulève trop promptement lors du versage des blés ou grains dans le sac; les deux extrémités dè ces ficelles devraient aboutir dans l'intérieur d'une seconde pièce avec le bout de fil de fer qui tient la marmite afin de pouvoir opérer sans arrêt vu que si on se tenait dans la pièce où est placé le sac, les vapeurs du soufre empêcheraient les opérateurs d'agir librement. Sitôt qu'on juge le soufre aux trois quarts brûlé, on retire doucement la marmite, puis, en même temps, on fait agir la bascule, le grain tombe peu à peu sur l'étamine en absorbant les vapeurs soufrées. Une fois le grain entièrement vidé on sort de suite la marmite, on lie fortement le sac, on ferme hermétiquement sa bouche avec une matière grasse afin que l'air n'y pénètre pas du tout, c'est du reste un des points principaux. Une fois le tout fini on passe, comme nous l'avons déjà fait observer, une couche de colta ou goudron commun partout où on pourrait craindre la pénétration de l'air.

OBSERVATIONS ESSENTIELLES.

1° Les sacs doivent, par leur confection, empêcher l'air d'y pénétrer;

2° Que la fleur de soufre soit de premier choix; en ce moment, la plus chère coûte quarante francs les cent kilog., ou 20 centimes la livre;

3° La quantité qu'on met à brûler dans la marmite peut varier, soit de demi-livre, trois quarts, une livre et même deux livres;

4° Que les blés, grains ou légumes secs quelconque qu'on veut opérer, soient, au préalable, bien séchés jusqu'au cœur;

5° Sitôt la marmite retirée, on doit boucher le sac avec promptitude;

6° Ces sacs opérés doivent être tenus dans un lieu très sec et pas trop chaud.

Nous le répétons, la conservation des substances par l'absorption de l'air est connue depuis longtemps.

Mais l'action du soufre brûlé a été recommandée par M. Pérusat dans le but d'absorber l'oxigène de l'air.

On doit savoir que le soufre est une matière très saine et qui est recommandée en absorption pour bien des cas maladifs. *(Ne pas confondre soufre avec phosphore).*

Conservation des Viandes fraîches : bœuf, mouton, veau, gibiers, poissons, etc., etc.

Il y a de longues années que les chimistes, naturalistes, fabricants de conserves, etc., cherchent les moyens de pouvoir conserver les viandes alimentaires dans un état frais et sans altération; on en a trouvé plusieurs, entre autres celui de M. Boitard, naturaliste éminent, qui consiste à plonger la pièce à conserver dans une poudre de charbon fine; une fois dépouillée de ses intestins, puis hermétiquement fermer la caisse dans laquelle elle est arrangée.

M. Gannal, chimiste distingué, a proposé aussi plusieurs

procédés de conservation, mais notre cercle étant si restreint, nous nous dispenserons de les citer.

M. Pérusat croit le procédé suivant excellent, attendu qu'il lui a réussi.

On prend :

Fleur de soufre dit soufre sublimé....... 1 kilogramme.
Charbon de bois, réduit en poudre fine. 1 id.
Cendre de sarment, bien fine.............. 1 id.

On mélange le tout ensemble, puis on opère de la manière suivante :

Le gibier qu'on veut conserver doit être préparé sitôt qu'il est tué; on le plume lestement sans écorcher les chairs autant que possible, puis on le vide complétement, on l'essuie pour le rendre sec, tant à l'intérieur qu'à l'extérieur, puis on le garnit de la poudre précitée ; on en fait introduire en dedans autant que possible, sans cependant altérer la pièce au point de la déchirer ; on garnit une boîte en fer blanc de ladite poudre, puis on y met la pièce à conserver, en ayant soin quelle ne touche pas aux parois de la caisse; on la ferme, et on la lute soigneusement. (Nous l'avons déjà dit: luter, en terme de chimie, veut dire : boucher les trous et fissures d'un appareil ou d'un bocal avec un mortier homogène).

Afin d'éviter l'attouchement de la pièce aux parois de la boîte, il y aurait lieu de faire fondre de la cire à cacheter les bouteilles, ou bien de la fleur de soufre, puis, une fois fondu, on la verserait dans la boîte qu'on retournerait dans tous les sens, pour que la cire ou soufre fondu se répande dans tout l'intérieur, tant dans le fond que sur les côtés; en faire autant sous le couvercle. La boîte ainsi préparée, la poudre mise dedans, la pièce introduite avec le moins d'attouchement possible, le couvercle bien luté, soit avec du plâtre gaché où tout autre matière maléable, on est sûr que la pièce ainsi préparée se conservera plusieurs mois, surtout si on ne la secoue pas trop par de fréquents cahotements, et si elle est bien souquée par la poudre.

DEUXIÈME PROCÉDÉ

On fait construire une caisse en tôle n'ayant qu'une seule ouverture dans le haut, munie d'un couvercle ; on a une petite marmite comme ci-dessus transcrite (pour la conservation des blés). On se procure de la viande d'un animal quelconque frais tué ; on la découpe comme on l'entend, on l'essuie bien, puis on y passe dessus de la fleur de soufre ou de la poudre de charbon ; on en passe sur toutes les parties de la viande, puis on se munit de ficelles qu'on aura fait tremper dans une forte saumure composée de sel de cuisine et d'eau, dans les proportions suivantes :

Eau pure................. 2 litres.
Sel gros.................. 1 livre.

On fait fondre le sel et on met tremper ces ficelles qui servent à attacher les morceaux de viandes préparées, comme il à été déjà dit plus haut.

On pend la viande dans la caisse de tôle, on prend la marmite, on y met 125 grammes de fleur de soufre, on y met le feu, on laisse bien brûler le soufre, on retire la marmite, puis on ferme la caisse.

Ceci dit, nous ferons observer :

1° Les ficelles dont on se servira devront être bien séchées au sortir de la saumure, et ce, avant de s'en servir ;

2° Les trous qu'on fera à la viande devront être faits avec un outil en argent ou un morceau de bois, l'un et l'autre bien essuyés et bien secs ;

3° Nous croyons que ce procédé est bon, mais cependant, comme nous ne nous en sommes pas assurés par nous-mêmes, nous ne le garantissons pas ; du reste, les vapeurs soufrées doivent peut-être donner un goût acéteux.

Nous conseillons d'essayer, rien de plus.

TROISIÈME PROCÉDÉ

On opère en tout semblable comme pour le premier procédé, seulement, qu'on lute les jonctions de la boîte où est la pièce en conserve, avec un lut impénétrable à l'eau, tel que ciment ou soudure de ferblantier. La boîte pourrait avoir une couverture qui la couvrirait dans toutes ses parties, afin de pouvoir y tenir constamment de la glace pilée, ou sans quelle ait ce second emboîtement, on la plongerait dans un puits ou source dont l'eau serait toujours glacée.

Au besoin, Messieurs les bouchers pourraient bien se faire construire pour l'été des caisses en tôle, très grandes et à double enboîtement. Dans l'ouverture de la première caisse, ils suspendraient leurs viandes, et dans l'emboîtement que leur fournirait l'entourage de la seconde caisse, ils verseraient continuellement de l'eau glacée, pour éviter la peine de changer l'eau souvent, ils pourraient établir au-dessus de la caisse un réservoir qui, une fois remplis, laisserait couler l'eau doucement par un robinet dans l'emboîtement; ce dernier serait muni d'un étroit tuyau d'écoulement qui se déverserait à mesure que le réservoir l'alimenterait. De par celà, peu de peine et conservation plus longue des viandes; on comprend que ces caisses n'encombreraient pas beaucoup les magasins, attendu quelles pourraient être placées dans une pièce de l'arrière; du reste, elles seraient plus longues que larges; puis, elles pourraient aussi ne pas être entièrement en tôle, car dans le milieu de la feuille, on les couperait et on y passerait bien cimenté deux carreaux en face l'un de l'autre, qui permettraient de voir les viandes au travers, afin de faciliter le client de voir le morceau qu'il désire. (Il faudrait que ces carreaux soient en verre très forts).

Ce n'est qu'une idée que nous donnons; si on ne la juge pas bonne, qu'on nous la pardonne, nous la transcrivons comme nous avons fait des autres, attendu que des procédés qui ne sont pas souvent très-efficaces, l'idée seule qu'ils donnent aboutit quelque fois à donner la pensée de bien meilleur; on ne peut nier celà.

Ces caisses devraient s'appeler réfrigérantes.

Tous les procédés ci-dessus pourraient être appliqués aux fruits et légumes frais.

Moyen de reconnaitre l'Eau distillée.

On peut reconnaître les fraudes opérées dans l'eau distillée au moyen de l'acide oxalique.

MANIÈRR D'OPÉRER.

On prend un verre à bouche très propre et on y verse de l'eau quelconque, puis on y incorpore quelques grains d'acide oxalique, on laisse reposer pendant quelques secondes, puis on agite le verre; si l'eau se trouble c'est un signe qu'elle est pure et non distillée; si au contraire elle reste parfaitement claire, on est sûr qu'elle est parfaitement distillée.

Moyen pour reconnaître l'origine d'un Alcool.

On mêle 3 grammes d'alcool à 1 gramme d'acide sulfurique concentré.

L'alcool de betterave prendra une couleur rose assez durable.

On peut aussi chauffer, jusqu'à l'ébullition, un peu de solution concentrée de potasse caustique dans une petite capsule, et puis y ajouter quelques gouttes de l'alcool en question.

L'odeur désagréable dégagée tout de suite en fera reconnaître la nature.

(Petite Presse.)

Bordeaux. — Imprimerie Eugène Bissei, rue Layette, 3.

www.ingramcontent.com/pod-product-compliance
Lightning Source LLC
LaVergne TN
LVHW020407230826
846091LV00004B/1180